职业院校会计手工实操与在线实训系列教材

U0853175

# 基础会计实训

——手工实操与在线实训

沈清文 主编
张 怡 吕玉林 副主编

中国人民大学出版社
·北京·

# 丛书编委会

# 丛书序

随着互联网教育技术的发展，借助数字仿真实训提高会计学习者的实际业务操作技能，提高会计专业教学效率和效果，成为十分必要的教学手段。

会计是商业的语言。会计工作有自身特定的流程、工作材料和信息传达工具。传统的书本知识的学习，使学习者具有了一定的专业理论基础、解决问题的思路和相对完整的背景知识。但常见的问题是，学习者离开课堂的初期，往往对工作中的账簿、凭证的处理乃至电算化软件、报税平台、网银平台的操作等具体工作望而生畏。财务人员在单位里承担着重要的责任，他们的任何差池都可能给单位带来实际的经济损失。培养学生“敢操作、会操作、做得好”的会计职业能力，是会计专业教育者义不容辞的责任。

在会计职业教育领域，学科带头人、骨干教师和教育实践针对理论教学与实践教学的一体化开展过各种有益的尝试。多年实践证明，真正的“理实一体化”教学解决方案，需要会计专业教师、数字教育技术人员、会计从业者和课程专家的相互协作，共同开发。

本套教材利用“学问通”在线实训平台，实现了会计专业的仿真教学、仿真实训和仿真操作，为广大师生提供了一套全新、实用的立体化创新教材，实现了学校教学与企业实务工作的无缝对接。

本套教材的创新主要体现在以下三个方面。

**1. 课堂学习与企业实务无缝对接**

本套教材从企业实际业务出发，采用“实训内容即工作内容，实训过程即工作过程”的编写思路，系统梳理了会计人员应知应会的核心知识与技能，精选企业典型会计业务作为实训业务，借助信息技术将会计工作中常见的单据及账证表全部仿真制作，学生可以在完全模拟企业会计工作场景的情况下进行实训，从而迅速具备会计上岗能力。

**2. 理论教学与实训教学互相配套**

本套教材涵盖职业院校会计专业的 8 门核心课程，既包括理论课教材，也包括实训课教材，且理论与实训互相对应、互相配套。学生学习完相关的理论，即可进行相应的实训，在巩固理论知识的同时强化实践能力培养。

本套教材的理论课教材包括《基础会计实务》《出纳实务》《财务会计分岗实务》《成本会计实务》《税务会计实务》《纳税实务》《审计实务》等，与之相对应，实训课教材包括《基础会计实训》《出纳实训》《财务会计分岗实训》《成本会计实训》《税务会计实训》《纳税实训》《审计实训》《企业会计全盘账模拟》。

**3. 线下实操与线上实训同步进行**

本套教材的理论课教材配有相应的在线学习账号，学生可以通过 APP 在线做题、观看资源、与教师进行课堂互动。实训课教材除全部使用仿真单据外，还配备相应的账证表，以便进行全仿真实训，同时配有在线实训账号，可以反复练习，实时比对答案。

纸质教材与在线平台的相互结合，既可以帮助学生进行线下的手工实操，强化会计技能训练；又可以充分发挥互联网的优势，增强教学互动、拓展课程资源种类，进行线上的反复实训，及时统计实训结果，提升教学效果。

本套教材的出版倾注了编写团队、课程开发团队的大量心血，衷心希望我们的创新能为我国会计职业教育的发展以及会计人才的培养作出贡献。

2020 年 10 月

# 前　言

本书是《基础会计实务》的配套用书。内容选择以实际工作中的典型工作任务为标准，按照会计工作过程进行编排。全书共分两部分：第一部分为单项训练；第二部分为会计核算综合技能，是以某一工业企业的实际经济活动为例，以业务说明及原始凭证展现企业的典型经济业务，使学习者置身于会计实际工作之中，模拟演练企业常见经济业务的会计处理，训练其从事会计工作的岗位技能。

本书的特色主要体现在以下三个方面。

一是突出以职业能力培养为重点。本书第一部分的每个项目都安排有训练单项技能的典型实训项目。学习者通过完成实训项目，可以获得相关职业能力的提升。本书第二部分设计的是会计核算综合技能训练，学习者通过完成综合技能训练，可以获得职业综合能力的提升。

二是充分体现职业教育的职业性和实践性。本书涉及的会计核算相关训练项目大都以仿真单据、账簿等形式展现经济业务内容，让学习者体会真实会计岗位的业务情境，有较强的实践性和可操作性，进而熟练掌握会计工作基本流程和能力，为在专业会计课程中进一步学习会计岗位技能或上岗位工作奠定基础。

三是完美展现内容和形式的新颖性。本书安排了各种能力提升的训练内容，设计的训练项目基本上源于实际工作中出现的现象和问题。本书配备的凭证、账簿和报表等都是仿真的，与实际工作中碰到的一样。这种角度和形式改革，既给人全新的视觉效果，又能使学习者得到多方面能力的提升。除了线下仿真实操外，学习者还可以通过本书配套的账号进行全部业务的在线仿真实训。

本书编者不仅具有较高的理论水平，而且还有丰富的实践经验。书中的训练项目设计巧妙，需要运用会计基本理论和基本方法才能解决问题，使学习者在熟悉技能的同时，巩固相关理论知识，不仅有会计核算能力训练，还有会计相关问题检查处理能力的训练，使综合能力培养与技能培养有机结合。

本书由黑龙江农业职业技术学院沈清文教授担任主编，负责本书的整体结构设计，拟定编写大纲，提出编写要求及总纂定稿，张怡、吕玉林担任副主编。书中各部分的执笔人分别为：张怡、肖晓旭负责第一部分的项目 1、项目 2；吕玉林、刘莉莉负责第一部分的项目 3～项目 5；沈清文、马丽亚负责第一部分的项目 6～项目 9

以及第二部分。本书由黑龙江省农副产品加工机械研究所高级会计师王秀华负责审稿。

本书配有仿真单据簿，学员可以将这些单据撕下来做账使用。需要说明的是，利用本书进行手工实操，还需要准备以下素材：总分类账1本（含100页账页）；三栏式明细账1本（含40页账页）；多栏式明细账1本（含30页账页）；数量金额式明细账1本（含20页账页）；应交增值税明细账1本（含10页账页）；库存现金日记账1本（含6页账页）；银行存款日记账1本（含6页账页）；T形账（10页）；科目汇总表（4页）；试算平衡表（4页）；资产负债表（4页）；利润表（4页）；现金流量表（4页）；通用记账凭证（150页）。上述素材学员可以在办公用品商店购买，也可以登录“学问通”在线实训平台下载打印。

衷心希望本书能成为教师的重要教学资源，成为职业院校学生提升会计基本能力的必备资料。

由于编写水平有限，难免会有不妥之处，敬请广大读者批评指正。

编　者

2020年10月

# 目　录

第一部分

# 单项训练

# 项目 1

## 认识会计职业和企业

[实训目的]

使学生正确理解企业的含义，能够区别各法律主体的性质。

[项目资料]

1. 市劳动就业培训学校，是专门对待业人员进行免费培训的机构，属于政府扶贫项目承办单位。

2. 河南联合动力设备制造有限公司，主要生产小功率高速轻型发动机及其配套的便携式发电机组、水泵机组等产品，公司实行规范化和量化管理。

3. 大连高利投资有限公司是一家贷款融资专业服务机构。经营范围包括个人小额无抵押贷款、企业无抵押贷款、民间借贷、融资服务咨询等。

4. 河北学大教育培训学校，是专门致力于学生学习能力开发和培养、学习社区建设、家庭教育研究的教育机构。致力于传播先进教学思想，研究先进教学方法，帮助个人和社会获得更多、更好的教育和发展机会等。

5. 北京互通策划有限公司是中国社会福利教育基金会下属机构，专注于中国和美国之间的文化教育交流，与美国的众多院校及教育机构建立了良好的合作关系，提供办理签证和输送学生赴美国留学服务。

[实训要求]

根据所给资料，判断 1～5 中哪些单位属于企业，并简要说明。

# 项目 2

# 认识会计和会计工作

## [实训目的]

使学生对会计和会计工作有更加明确的认识，能够熟悉会计的对象，明确权责发生制和收付实现制。

## [项目资料]

1. 李刚和王明是会计专业新生，入学没多久，两人就成了好朋友。一天，两人谈到了专业：王刚说，会计到底是什么？不就是一个称呼嘛，我家邻居王大爷就是会计，大家都喊他王会计。李明说，你这么说好像不对，因为会计是要做一系列工作的，不能说就是个称呼，两人争执不下。

2. 宏大公司相关经济业务事项见表 2-1。

**表 2-1　　宏大公司相关经济业务事项一览表**

| 序号 | 业务事项内容 | 会计要素类别 |
|---|---|---|
| 1 | 出纳员保管的现金 | |
| 2 | 企业新购置的汽车 | |
| 3 | 公司完工入库的产品 | |
| 4 | 购材料欠的款项 | |
| 5 | 欠职工垫付的医疗费 | |
| 6 | 欠缴的税费 | |
| 7 | 收取出借包装物的押金 | |
| 8 | 管理人员预借的差旅费 | |
| 9 | 赊销商品的款项 | |
| 10 | 投资者投入的资本金 | |
| 11 | 本年实现的净利润 | |
| 12 | 为购建固定资产而借入的长期借款 | |
| 13 | 应付给投资者的利润 | |
| 14 | 公司因购货而预先支付的货款 | |

续前表

| 序号 | 业务事项内容 | 会计要素类别 |
|---|---|---|
| 15 | 公司销售产品实现的收入 | |
| 16 | 发生的业务招待费 | |
| 17 | 生产产品发生的工资 | |
| 18 | 转让专项技术使用权的收入 | |

3. 大同股份有限责任公司 2020 年 1 月份发生如下经济业务。

(1) 3 日，销售甲商品一批，货款 5 000 元，尚未收到。

(2) 8 日，预付购买材料款 3 000 元，款项以银行存款支付。

(3) 10 日，销售乙商品一批，货款 10 000 元，款项已收存银行。

(4) 15 日，以银行存款支付商品展销费 1 000 元。

(5) 28 日，收到尚达公司上月所欠货款 10 000 元，存入银行。

## [实训要求]

(1) 根据资料 1，帮助李刚和王明厘清会计和会计工作的关系，提出正确的看法。

(2) 将资料 2 中各经济业务事项的会计要素类型填入表 2－1 相应栏目中。

(3) 根据资料 3，按照权责发生制计算大同股份有限责任公司 2020 年 1 月份的利润。

## 项目 3

# 认识会计等式

### [实训目的]

使学生认识经济业务变化的规律，掌握会计恒等式，能够证明会计等式是一个恒等式。

### [项目资料]

1. 丰盈股份有限责任公司的几笔业务如下。

（1）丰盈股份有限责任公司是一家刚刚筹建的生产企业，初始共筹集资金 1 000 万元，其中，在银行贷款 200 万元，其余资金由投资者投入。

（2）投产当月发生了多笔经济业务，其中包括：生产乙产品领用价值 5 000 元的材料；公司领导出差借差旅费 3 000 元；公司办公室用 100 元现金购买办公用品等。

（3）经过努力经营，首月公司就实现了营业收入 100 万元，同时，发生相关费用 75 万元。

2. 万通达胜公司 2020 年 1 月份发生了以下经济业务。

（1）2 日，赊购了价值 2 000 元的材料。

（2）5 日，销售商品取得收入 5 000 元，存入银行。

（3）10 日，收到 100 000 元投资款，存入银行。

（4）20 日，以银行存款偿还所欠货款 2 000 元。

（5）22 日，从银行提取现金 1 000 元。

（6）28 日，用银行存款 2 000 元支付电话费。

### [实训要求]

（1）根据资料 1，列出初始筹集资金的各种来源与总额之间的关系式。

（2）根据资料 1 回答：丰盈股份有限责任公司已发生的 3 笔经济业务是否改变了（1）中所列的关系式？公司首月盈利多少？收入、费用和利润之间存在怎样的关系？

（3）根据资料 2，分析每项经济业务对会计等式平衡的影响。

# 项目 4

# 建账前的准备

## 实训 4-1　理解会计科目和会计账户的关系

### [实训目的]

通过训练，使学生能够正确认识会计科目和会计账户及其相互关系。

### [项目资料]

莉莉和小华是会计专业大一的学生，本学期开设了基础会计课程，在学习中有些内容就是理解不了，特别是会计科目和会计账户这两个概念，老师在讲授课程时总是穿插或交替使用，有时叫会计科目，有时叫会计账户，所以，莉莉认为会计科目和会计账户就是一回事。然而，小华持不同态度，认为两者不是一回事，否则教材中就不会出现两个名词了，他们为此争执不休。

### [实训要求]

请您分析莉莉和小华谁说的有道理，并加以分析。

## 实训 4-2　借贷记账法的运用

### [实训目的]

通过训练，使学生能够充分理解、熟悉借贷记账法，从而正确运用借贷记账法。

### [项目资料]

1. 公司收到投资者的货币资金投资 500 万元，存入银行。
2. 公司向银行借入 6 个月贷款 100 万元，已划入公司账户。
3. 公司将现金 5 000 元存入银行。

4. 公司从银行提取现金 10 000 元。

5. 公司经理张小蔓借支差旅费 1 000 元，以现金支付。

6. 公司办公室用现金 100 元购买办公用品，现已投入使用。

[实训要求]

根据资料，对每笔经济业务进行分析，指出所记入的账户名称、方向和金额，并分别登记 T 形账户。

## 实训 4-3 辨别会计科目类型

[实训目的]

通过训练，使学生能够熟悉会计科目的分类，为借贷记账法的运用奠定基础。

[项目资料]

项目资料见表 4-1。

表 4-1 会计科目分类表

| 会计科目 | 资产类 | 负债类 | 所有者权益类 | 成本类 | 损益类 |
|---|---|---|---|---|---|
| 银行存款 | | | | | |
| 应收票据 | | | | | |
| 库存商品 | | | | | |
| 生产成本 | | | | | |
| 坏账准备 | | | | | |
| 财务费用 | | | | | |
| 预付账款 | | | | | |
| 利润分配 | | | | | |
| 实收资本 | | | | | |
| 应付账款 | | | | | |
| 资本公积 | | | | | |
| 短期借款 | | | | | |
| 长期借款 | | | | | |
| 应付职工薪酬 | | | | | |
| 原 材 料 | | | | | |
| 应收账款 | | | | | |
| 固定资产 | | | | | |
| 管理费用 | | | | | |
| 主营业务成本 | | | | | |
| 其他业务收入 | | | | | |

### [实训要求]

判断会计科目分类表中所列会计科目的类别，并在相应类别栏中画“√”标记。

## 实训 4-4　熟悉账户余额与发生额的关系

### [实训目的]

通过训练，使学生能够熟悉账户余额与发生额的关系，能够在给定任意 3 个金额要素的情况下，计算出第 4 个要素的金额。

### [项目资料]

项目资料见表 4-2。

**表 4-2**　**账户余额及发生额计算表**　单位：元

| 账户名称 | 期初余额 | | 本期发生额 | | 期末余额 | |
|---|---|---|---|---|---|---|
| | 借方 | 贷方 | 借方 | 贷方 | 借方 | 贷方 |
| 银行存款 | 100 000 | | 300 000 | | 250 000 | |
| 应收票据 | 50 000 | | 900 000 | 580 000 | | |
| 短期借款 | | 120 000 | 80 000 | 100 000 | | |
| 实收资本 | | 3 000 000 | | 100 000 | | |
| 原材料 | 580 000 | | 200 000 | | 300 000 | |
| 应付账款 | | 100 000 | 50 000 | | | |
| 库存现金 | 30 000 | | | 20 000 | 15 000 | |

### [实训要求]

根据表 4-2 的资料，计算、填写相关数据。

# 项目 5

# 期初建账

## [实训目的]

通过项目训练，使学生能够科学地选用账簿及账页格式，熟练掌握会计账簿启用和期初余额的登记方法。

## [项目资料]

2019 年 11 月 30 日，天利机械制造有限责任公司总分类账和有关明细账户余额见表 5－1、表 5－2、表 5－3。

**表 5－1　总分类账户余额表**　单位：元

| 账户名称 | 方向 | 金额 | 账户名称 | 方向 | 金额 |
| --- | --- | --- | --- | --- | --- |
| 库存现金 | 借 | 5 000 | 短期借款 | 贷 | 10 000 |
| 银行存款 | 借 | 3 525 500 | 应付账款 | 贷 | 116 600 |
| 应收账款 | 借 | 160 500 | 应交税费 | 贷 | 46 000 |
| 原 材 料 | 借 | 80 000 | 长期借款 | 贷 | 200 000 |
| 库存商品 | 借 | 65 000 | 实收资本 | 贷 | 400 000 |
| 固定资产 | 借 | 1 205 000 | 盈余公积 | 贷 | 20 000 |
| 累计折旧 | 贷 | 320 000 | 本年利润 | 贷 | 928 400 |
| | | | 利润分配 | 贷 | 3 000 000 |

**表 5－2　存货明细账户余额表**

| 存货名称 | 单位 | 数量 | 单价（元） | 金额（元） |
| --- | --- | --- | --- | --- |
| 甲产品 | 件 | 400 | 100 | 40 000 |
| 乙产品 | 件 | 500 | 50 | 25 000 |
| A 材料 | 千克 | 1 500 | 20 | 30 000 |
| B 材料 | 千克 | 1 000 | 50 | 50 000 |

表 5-3　　债权债务明细账户余额表　　单位：元

| 总账账户 | 明细账户 | 借或贷 | 金额 |
|---|---|---|---|
| 应收账款 | 华丰公司 | 借 | 58 500 |
| | 宏图公司 | 借 | 102 000 |
| 应付账款 | 红达公司 | 贷 | 93 600 |
| | 大发公司 | 贷 | 23 000 |
| 应交税费 | 未交增值税 | 贷 | 46 000 |

## ［实训要求］

1. 根据表 5-1 中的资料建立总账，开立表 5-1 所列的每一个账户，登记 12 月份期初余额，填写“账簿启用及交接表”和“账簿目录表”。

2. 根据表 5-1 中的资料建立日记账，开立库存现金日记账和银行存款日记账，并根据表 5-1 所列数据，登记“库存现金”账户和“银行存款”账户的期初余额，登记“账簿启用及交接表”。

3. 根据表 5-2、表 5-3 中的资料建立明细账，开立原材料、库存商品、应收账款、应付账款、生产成本、管理费用 6 个明细账户，登记 12 月份原材料、库存商品、应收账款、应付账款账户的期初余额，登记“账簿启用及交接表”和“账簿目录表”。

说明：本实训用表及账页涉及总分类账、明细账和日记账。

# 项目 6

# 填制与审核会计凭证

## ［实训目的］

通过项目训练，使学生熟悉会计凭证相关知识，明确会计凭证填制的要求，掌握原始凭证的填制与审核方法、记账凭证的填制与审核方法。

## ［项目资料］

1. 宏利公司 2020 年 1 月份发生的下列经济业务，已取得如下原始凭证。

（1）5 日，从银行提取现金 2 000 元。原始凭证见“基础会计实训单据簿”（以下简称“单据簿”）第 1 页的现金支票存根（单据 6－1）。

（2）6 日，业务科赵宏预借差旅费 2 000 元，以现金支付。原始凭证见“单据簿”第 1 页的借款单（单据 6－2）。

（3）6 日，财务科邵帅报销在文化用品商场购买的办公用品费 678 元，以现金支付。原始凭证见“单据簿”第 1 页的增值税普通发票（单据 6－3）。

（4）7 日，从运通机械公司购进 $\phi$14mm 圆钢 2 吨，单价 5 000 元，增值税税率 13%，款项尚未支付，材料已验收入库。原始凭证见“单据簿”第 2 页的增值税专用发票（单据 6－4）、收料单（单据 6－5）。

（5）15 日，赵宏出差回来，报销差旅费 2 250 元，补付赵宏现金 250 元。原始凭证见“单据簿”第 3 页的差旅费报销单（单据 6－6）。

2. 佳木斯大利公司位于佳木斯市郊区友谊路 66 号，单位负责人周到，财务负责人王安全，业务科科长肖钢。2020 年 7 月份发生的经济业务如下。

（1）2 日，业务科李宏伟预借差旅费 2 000 元，以现金支付，需填制一张借款单。原始凭证见“单据簿”第 3 页的借款单（单据 6－7）。

（2）5 日，从银行提取 5 000 元备用金。需填制现金支票一张（本公司开户银行：中国工商银行通江支行；账号：6523170050112856109）。原始凭证见“单据簿”第 4 页的现金支票（单据 6－8）。

（3）6 日，总务科从市百货大楼购进办公用椅 5 把，单价 300 元；文件夹 5 个，单价 6 元，直接投入财务部使用。开具转账支票支付货款（市百货大楼开户银行：中国工商银行通江支行；账号：6523170050112856109）。原始凭证见“单据簿”第

4 页的转账支票（单据 6－9）。

（4）8 日，以信汇方式归还前欠大地机械厂材料款 50 000 元，需填制信汇凭证一张（大地机械厂开户银行：中国工商银行前锋支行；账号：752519001278265223；株洲市大岗区前锋路 26 号）。原始凭证见“单据簿”第 5～6 页的银行信汇凭证（单据 6－10－1～单据 6－10－4）。

（5）14 日，1 号材料仓库保管员项锋收到市金属材料公司送来的钢材 15 号圆钢 5 吨，单价 5 000 元，需填收料单一张。原始凭证见“单据簿”第 7～8 页的收料单（单据 6－11－1～单据 6－11－4）。

（6）18 日，1 号材料仓库保管员项锋按照生产通知单，如数发给装配车间领料人吕东包装产成品用包装箱 50 个，单价 80 元，需填领料单一张。原始凭证见“单据簿”第 9～10 页的领料单（单据 6－12－1～单据 6－12－4）。

（7）25 日，将超限额库存现金 4 000 元送存银行。其中，面额 100 元的 36 张，面额 50 元的 4 张，面额 20 元的 10 张，需填制现金存款凭条。原始凭证见“单据簿”第 10 页的现金存款凭条（单据 6－13－1 和单据 6－13－2）。

（8）29 日，销售给万盛公司车床 2 台，单价 25 000 元，增值税税率 13%。开具增值税专用发票，并已向银行办妥托收承付手续（万盛公司地址及电话：佳木斯市前进区光复东路 23 号，0454－8721093，开户银行：中国工商银行东风支行，银行账号：662516002011 5623380，纳税人识别号 123579122067761239；本公司纳税人识别号 2468092337 1228370N），需填制增值税专用发票及委托银行托收承付结算凭证各一张。原始凭证见“单据簿”第 11 页的增值税专用发票（单据 6－14－1～单据 6－14－3），以及“单据簿”第 12～14 页的托收凭证（单据 6－15－1～单据 6－15－5）。

3. 佳木斯市丰源公司 2020 年 7 月发生的经济业务均已取得或填制了原始凭证（此处略）。具体经济业务事项如下。

（1）2 日，向中国工商银行站前支行借入 3 个月期限的流动资金周转借款 500 000元。

（2）4 日，收回伟业工厂前欠货款 56 500 元。

（3）5 日，购买材料 1 000 千克，单价 50 元，增值税专用发票注明价款 50 000 元，增值税 6 500 元，开出转账支票支付。

（4）6 日，5 日购买的材料运抵公司，并已验收入库。

（5）6 日，从银行提取现金 5 000 元。

（6）7 日，销售部经理李海涛预借差旅费 2 000 元。

（7）7 日，用现金支付邮寄费 21.80 元，其中，价款 20 元，增值税 1.80 元。

（8）8 日，销售给欢腾公司甲商品 200 件，单价 500 元，增值税专用发票注明价款 100 000 元，增值税 3 000 元，收到一张面额 113 000 元的转账支票。

（9）9 日，购买机器设备，增值税专用发票注明价款 100 000 元，增值税 13 000

元，款项用银行汇票支付。

(10) 11 日，收回应收宏伟公司欠货款 56 500 元。

(11) 13 日，李海涛出差归来，报销差旅费 2 845 元，其中火车票 545 元。

(12) 14 日，将超限额现金 5 800 元存入银行。

(13) 15 日，归还常青公司货款 33 900 元。

(14) 16 日，开出转账支票，支付龙江职业技术学院培训费 10 000 元。

(15) 17 日，流动资金借款 200 000 元到期，已通过银行划转归还。

(16) 19 日，甲产品领料 100 千克，乙产品领料 50 千克，材料单价为 50 元。

(17) 20 日，从文化用品商店购入复写纸 2 盒，每盒 20 元，计 40 元；签字笔 20 支，每支 3 元，计 60 元。取得的增值税专用发票注明价款 100 元，增值税 13 元，直接投入财务部使用。

(18) 22 日，通过银行发放工资 2 000 000 元。

(19) 26 日，甲产品领料 200 千克，材料单价为 30 元/千克。

(20) 26 日，销售给大明公司甲商品 100 件，单价 500 元/件，增值税专用发票注明价款 50 000 元，增值税 6 500 元，收到一张面额 56 500 元的转账支票。

(21) 31 日，分配工资费用，其中，产品生产人员工资 1 200 000 元（甲产品生产人员工资 800 000 元，乙产品生产人员工资 400 000 元），车间管理人员工资 100 000元，管理人员工资 200 000 元，销售人员工资 500 000 元。

(22) 31 日，计提固定资产折旧 5 000 元，其中，生产用固定资产计提 3 000 元，管理用固定资产计提 950 元，销售用固定资产计提 1 050 元。

(23) 31 日，收到职工交来的违章罚款 200 元。

(24) 31 日，按工资比例分配制造费用。

(25) 31 日，结转已售商品成本 80 000 元。

4. 佳木斯市康健公司 2020 年 7 月发生的经济业务均已取得或填制了原始凭证，并根据审核后的原始凭证填制了记账凭证。具体经济业务事项如下。

(1) 5 日，公司将超限额库存现金 1 500 元送存银行。该笔业务所填写的记账凭证见“单据簿”第 14 页的收款凭证（单据 6-16）。

(2) 13 日，公司从开户银行提取现金 15 000 元备用。该笔业务所填写的记账凭证见“单据簿”第 15 页的收款凭证（单据 6-17）。

(3) 19 日，公司用银行存款偿还 2 年期借款 800 000 元。该笔业务所填写的记账凭证见“单据簿”第 15 页的付款凭证（单据 6-18）。

(4) 23 日，销售部王立艳出差预借差旅费 2 000 元，公司以现金支付。该笔业务所填写的记账凭证见“单据簿”第 15 页的付款凭证（单据 6-19）。

(5) 25 日，总经理办公室杜威出差归来，报销差旅费 2 300 元，其中火车票 872 元，公司以现金支付。（杜威出差前没借差旅费。）该笔业务所填写的记账凭证见“单据簿”第 16 页的付款凭证（单据 6－20）。

（6）26 日，开出面值 300 元转账支票用于购买办公用品。取得的增值税专用发票上注明价款 265.49 元，增值税 34.51 元。办公用品直接投入使用。该笔业务所填写的记账凭证见“单据簿”第 16 页的付款凭证（单据 6－21）。

（7）27 日，公司签发一张面值为 3 390 元的商业汇票用于购买甲材料。取得的增值税专用发票上面注明价款 3 000 元，增值税 390 元，材料已验收入库。该笔业务填写记账凭证的结果见“单据簿”第 16 页的付款凭证（单据 6－22）。

（8）31 日，赊销给东胜公司商品一批，开出的增值税专用发票上面注明价款 20 000元，增值税 2 600 元，商品已经发出。该笔业务填写记账凭证的结果见“单据簿”第 17 页的转账凭证（单据 6－23）。

## [实训要求]

1. 根据资料 1，审核所取得的原始凭证，指出错误所在，并提出处理意见。

2. 根据资料 2 所列的经济业务，填制本单位应该填制的原始凭证，并履行签名盖章手续（不具备条件的学校，盖章可略）。

3. 根据资料 3 所列经济业务中的原始凭证，填制通用记账凭证和专用记账凭证。

4. 根据资料 4，审核所填制的记账凭证。

说明：本实训所用记账凭证包括通用记账凭证和专用记账凭证。

# 项目 7

# 处理会计账簿

## [实训目的]

使学生能熟练填写账簿启用与经管人员一览表，能够查找出账簿启用过程中存在的问题，学会正确登记会计账簿。

## [项目资料]

1. 大众公司负责人刘伯温说，近期公司将进行财务人员调整，材料会计周东调离财务室。财务主管江涛宣布：2020 年 3 月 20 日起，公司原出纳赵娜（赵娜是在 2020 年 1 月 10 日接任出纳岗位的）接任公司材料会计工作，财务室宋晓华接任赵娜的出纳工作。按照要求，他们履行了交接手续。履行手续后，库存现金日记账和原材料明细账的扉页见“单据簿”第 17～18 页的账簿启用及交接表（单据 7－1、单据 7－2），库存现金日记账见“单据簿”第 18 页的单据 7－3。

2. 大众公司 2020 年 3 月 1 日总分类账户和明细分类账户的期初余额见表 7－1～表 7－4。

表 7－1　　总分类账户余额表　　单位：元

| 账户名称 | 方向 | 金额 | 账户名称 | 方向 | 金额 |
|---|---|---|---|---|---|
| 库存现金 | 借 | 5 000 | 应付账款 | 贷 | 120 000 |
| 银行存款 | 借 | 1 883 000 | 长期借款 | 贷 | 200 000 |
| 应收账款 | 借 | 260 000 | 实收资本 | 贷 | 3 610 000 |
| 原材料 | 借 | 42 000 | 盈余公积 | 贷 | 20 000 |
| 库存商品 | 借 | 880 000 | 利润分配 | 贷 | 330 000 |
| 生产成本 | 借 | 320 000 | | | |
| 固定资产 | 借 | 1 010 000 | | | |
| 累计折旧 | 贷 | 120 000 | | | |
| 合　计 | | 4 280 000 | 合　计 | | 4 280 000 |

表 7-2 存货明细账户余额表

| 存货名称 | 单位 | 数量 | 单价 | 金额（元） |
|---|---|---|---|---|
| 甲商品 | 件 | 400 | 1 000 | 400 000 |
| 乙商品 | 件 | 600 | 800 | 480 000 |
| A材料 | 千克 | 600 | 20 | 12 000 |
| B材料 | 千克 | 300 | 100 | 30 000 |

表 7-3 生产成本明细账户余额表 单位：元

| 产品名称 | 数量 | 计量单位 | 成本项目 | | | 合计 |
|---|---|---|---|---|---|---|
| | | | 直接材料 | 直接人工 | 制造费用 | |
| 甲商品 | 200 | 件 | 200 000 | 30 000 | 10 000 | 240 000 |
| 乙商品 | 100 | 件 | 65 000 | 10 000 | 5 000 | 80 000 |
| 合　计 | | | 265 000 | 40 000 | 15 000 | 320 000 |

表 7-4 债权债务明细账户余额表 单位：元

| 总账账户 | 明细账户 | 借或贷 | 金　额 |
|---|---|---|---|
| 应收账款 | 大华公司 | 借 | 160 000 |
| | 硕丰公司 | 借 | 100 000 |
| 应付账款 | 宏利公司 | 贷 | 40 000 |
| | 光明建材厂 | 贷 | 80 000 |

3. 大众公司 2020 年 3 月份有关业务的部分原始凭证（不作为登记账簿依据的原始凭证略）和所填制的记账凭证见“单据簿”第 19～32 页的单据 7-4～单据 7-45。

4. 山泉实业有限责任公司（简称“山泉公司”）2019 年 11 月部分原始凭证、记账凭证及账簿资料见“单据簿”第 33～39 页的单据 7-46～单据 7-64。

（1）原始凭证。

业务 1 的原始凭证见“单据簿”第 33 页的增值税专用发票（单据 7-46）、转账支票存根（单据 7-47）。

业务 2 的原始凭证见“单据簿”第 33 页的借款单（单据 7-48）。

业务 3 的原始凭证见“单据簿”第 34 页的银行进账单（收账通知）（单据 7-49）。

业务 4 的原始凭证见“单据簿”第 34 页的增值税专用发票（单据 7-50）、转账支票存根（单据 7-51）。

业务 5 的原始凭证见“单据簿”第 35 页的银行信汇凭证（回单）（单据 7-52）。

（2）记账凭证。

业务 1 的记账凭证见“单据簿”第 35 页的单据 7-53。

业务 2 的记账凭证见“单据簿”第 36 页的单据 7-54。

业务 3 的记账凭证见“单据簿”第 36 页的单据 7-55。

业务 4 的记账凭证见“单据簿”第 36 页的单据 7-56。

业务 5 的记账凭证见“单据簿”第 37 页的单据 7-57。

（3）账簿资料。

账簿资料见“单据簿”第 37～39 页的单据 7-58～单据 7-64。

## ［实训要求］

（1）根据资料 1，指出账簿启用与经管人员一览表（即单据 7-1 和单据 7-2）中存在的问题。

（2）根据资料 2 所给资料，登记大众公司 2020 年 3 月份各账户期初余额。

（3）根据资料 3 所给有关原始凭证和记账凭证，登记大众公司 2020 年 3 月份的库存现金日记账，银行存款日记账，原材料、库存商品、其他应收款、应收账款、应付账款、制造费用、生产成本和管理费用等所属明细分类账。

（4）根据资料 3 所给有关原始凭证和记账凭证，按照记账凭证会计工作流程，登记大众公司 2020 年 3 月份所涉及的总分类账。

（5）根据资料 4 所给原始凭证查找记账凭证和账簿的错误记录，并运用所学方法更正。

说明：本实训所用账簿涉及总分类账、明细账、日记账。

# 项目 8

# 组织财产清查

## 实训 8－1

### [实训目的]

通过实训，使学生能够正确认识财产清查的重要意义，明确清查的种类，熟悉各种财产的清查方法，熟练掌握银行存款余额调节表的编制方法，能够正确制定财产清查方案。

### [项目资料]

1. 立邦公司是一家生产经营办公设备的企业，在 2019 年开展过如下财产清查业务：①出纳员每日对所管理的现金进行清查，核对账实相符情况；②材料保管员调离岗位时进行了所管材料的清查；③因库存商品被盗，对库存商品库的损失情况进行了清查；④年终，对全部财产物资进行了清查。

2. 2020 年 3 月 31 日，瑞智公司的银行存款日记账和银行对账单情况见“单据簿”第 39～40 页的银行存款日记账（单据 8－1）、银行对账单（单据 8－2）。

3. 丰收公司是一家专门购销玉米的企业，公司收购的玉米都要按等级分放在不同的存放场所。年终结算前，准备对已收购的各等级玉米和所有固定资产进行清查。

### [实训要求]

（1）指出资料 1 中的财产清查属于哪类清查，进行该类清查的意义是什么，并进行必要的说明。

（2）根据资料 2 编制银行存款余额调节表。只需将相关数字填入“单据簿”第 40 页的银行存款余额调节表（单据 8－3）即可。

（3）根据资料 3 拟定清查方案。

## 实训 8－2

### [实训目的]

通过实训，使学生能够正确认识库存现金清查的重要性，明确库存现金短缺和溢余的可能原因。

［项目资料］

皇冠公司在2019年12月2日的库存现金清查中，发现现金少了500元。而在第二天的库存现金清查中，又发现现金多了200元。

［实训要求］

指出资料中库存现金短缺和溢余的可能原因。

## 实训8－3

［实训目的］

通过实训，使学生巩固前面所学知识，进一步熟悉存货清查的方法和适用范围。

［项目资料］

满益公司是一家大型粮食购销企业，经过一段时间的购销活动后，公司想知道详细的粮食结存数量和质量情况。

［实训要求］

指出该公司应采取什么方法才能达到目的，并作简要说明。

## 实训8－4

［实训目的］

通过实训，使学生巩固前面所学知识，进一步熟悉永续盘存制和实地盘存制。

［项目资料］

2019年12月，速达公司甲材料期初结存及收发情况如下。

1. 速达公司2019年12月初结存甲材料2 000千克，单价为20元。

2. 12月份甲材料的收发业务如下：

（1）1日，采购并入库400千克，单价为20元/千克。

（2）8日，生产领用600千克，单位成本为20元/千克。

（3）15日，生产领用500千克，单位成本为20元/千克。

(4) 22日，采购并入库200千克，单价为25元/千克。

(5) 29日，生产领用400千克，单位成本为20.67元/千克。

假设月末实地盘点甲材料为1 400千克。

［实训要求］

按永续盘存制和实地盘存制分别登记甲材料明细账，即将甲材料的收发存情况进行登记。

## 实训8-5

［实训目的］

通过实训，使学生巩固所学财产清查理论知识，进一步熟悉财产清查结果的账务处理方法。

［项目资料］

2019年12月，高德公司开展了存货财产清查，结果如下：

(1) 乙材料溢余5千克，价值200元，是收发计量误差所致。

(2) 甲材料短缺100千克，经查是保管员洪云的责任，经批准由洪云赔偿。

(3) 甲材料短缺2千克，经查属于定额内损耗，经批准转销处理。

(4) 丁材料毁损500千克，经查是自然灾害所致，经批准作为非常损失处理。

(5) 乙材料毁损200千克，价值8 000元，经查是自然灾害所致，应由保险公司赔偿3 000元，其余经批准作相应处理。

(6) 丁材料溢余3千克，价值120元，原因不明，经批准作为当期损益。

(7) 现金长款900元，经查为少付给宏大公司的款项，批准应还给宏大公司。

(8) 盘亏一台电脑，原值4 000元，已提折旧1 000元，经查属于被盗，应由保险公司赔偿500元，经批准净损失由公司承担。

甲材料单位成本50元，丁材料单位成本60元。

［实训要求］

根据上述资料，编制财产清查审批前后的会计分录。

## 项目 9

# 编制与报送会计报表

### [实训目的]

通过实训，使学生进一步巩固会计报表相关知识，掌握资产负债表和利润表的编制方法。

### [项目资料]

1. 2020 年 1 月末，盛大公司各总账余额和有关明细账户余额见表 9-1。

**表 9-1** **账户余额表**

2020 年 1 月 31 日 单位：元

| 总账账户 | 明细账户 | 借方余额 | 总账账户 | 明细账户 | 贷方余额 |
|---|---|---|---|---|---|
| 库存现金 | | 9 400 | 坏账准备 | | 20 000 |
| 银行存款 | | 804 000 | 累计折旧 | | 50 000 |
| 应收账款 | | 200 000 | 应付账款 | 凯华公司 | 50 000 |
| 应收票据 | 新民公司 | 310 000 | 应付票据 | 华唯公司 | 32 000 |
| 其他应收款 | 保险公司 | 19 000 | 应付职工薪酬 | | 45 000 |
| 原材料 | | 125 000 | 应交税费 | | 43 000 |
| 生产成本 | | 112 500 | 长期借款 | | 800 000 |
| 库存商品 | | 513 400 | 实收资本 | | 2 000 000 |
| 固定资产 | | 1 400 000 | 盈余公积 | | 50 500 |
| 无形资产 | | 200 000 | 利润分配 | 未分配利润 | 602 800 |
| 合　　计 | | 3 693 300 | 合　　计 | | 3 693 300 |

2. 华锐公司 2019 年 1—12 月有关损益类账户净发生额见表 9-2。

表 9-2　**2019 年度有关损益类账户净发生额**　单位：元

| 账户名称 | 本年 1—12 月累计净发生额 |
| --- | --- |
| 主营业务收入 | 2 000 000 |
| 主营业务成本 | 1 050 000 |
| 税金及附加 | 20 000 |
| 其他业务收入 | 65 000 |
| 其他业务成本 | 45 000 |
| 销售费用 | 150 000 |
| 管理费用 | 260 000 |
| 财务费用 | 15 000 |
| 投资收益 | 500 000 |
| 营业外收入 | 120 000 |
| 营业外支出 | 90 000 |
| 所得税费用 | 120 000 |

3. 2019 年初总资产比年末总资产少 100 000 元，年末流动资产是年末流动负债的 3 倍，年末的资产负债表见表 9-3。

表 9-3　**资产负债表**

2019 年 12 月 31 日　单位：元

| 资产 | 年初数 | 年末数 | 负债和所有者权益 | 年初数 | 年末数 |
| --- | --- | --- | --- | --- | --- |
| 货币资金 | 52 500 | 47 200 | 短期借款 | 20 000 | 50 000 |
| 应收账款 | 26 500 | 83 500 | 应付账款 | 22 500 | 65 500 |
| 其他应收款 | 1 000 | 1 500 | 应交税费 | 9 500 | 6 500 |
| 存货 | 266 000 | 233 800 | 流动负债合计 | 52 000 | ? |
| 流动资产合计 | 346 000 | 366 000 | 长期借款 | 180 000 | 200 000 |
| 固定资产 | 204 000 | ? | 实收资本 | 300 000 | 300 000 |
| | | | 盈余公积 | 18 000 | ? |
| | | | 所有者权益合计 | 318 000 | ? |
| 资产合计 | 550 000 | ? | 负债和所有者权益总计 | 550 000 | ? |

4. 跃进公司 2019 年 2 月份损益类账户发生额见表 9-4。

表 9-4　　**2019 年 2 月损益类账户发生额**　　单位：元

| 账户名称 | 本期发生额 | | 账户名称 | 本期发生额 | |
|---|---|---|---|---|---|
| | 借方 | 贷方 | | 借方 | 贷方 |
| 主营业务收入 | 20 000 | 900 000 | 主营业务成本 | 250 000 | 10 000 |
| 其他业务收入 | | 110 000 | 销售费用 | 60 000 | |
| 营业外收入 | | 20 000 | 税金及附加 | 40 000 | |
| 投资收益 | 140 000 | 100 000 | 其他业务成本 | 50 000 | |
| 营业外支出 | 10 000 | | 财务费用 | 25 000 | 5 000 |
| 管理费用 | 40 000 | 4 000 | 所得税费用 | 26 000 | |

## [实训要求]

（1）根据资料 1，编制盛大公司 2020 年 1 月份资产负债表（年初数据略）。
（2）根据资料 2，编制华锐公司 2019 年度利润表（上期金额略）。
（3）根据资料 3，填写所给资产负债表中“?”的金额。
（4）根据资料 4，计算本月利润表中的下列项目：
营业收入=
营业成本=
管理费用=
营业利润=
利润总额=
净利润=
说明：本实训用表涉及 T 形账、科目汇总表、试算平衡表、会计报表。

第二部分

# 会计核算综合技能

一、训练目的
二、背景资料
三、训练要求
四、考核办法
五、实训时间
六、训练准备
七、训练指导
八、经济业务说明及其原始凭证

**说明：**（1）本训练资料为某有限责任公司 2019 年 12 月部分主要经济业务，是将企业重复发生的业务和难度较大的业务进行删减后所形成的典型资料。出于商业信息保密的要求，公司名称、法人代表等内容都进行了化名处理，如有雷同，纯属巧合。

（2）该训练项目的实施，可以由一个人完成所有的任务，也可以分组通过角色扮演法进行训练，组内成员分别扮演不同的角色，共同完成本训练项目的全部任务。

## 一、训练目的

通过训练，使学生进一步明确会计工作人员懂得法规的必要性和重要意义，切身体会合作在会计工作中的重要性，全面了解中型制造企业的业务，熟悉会计工作流程，熟练掌握会计凭证的填制与审核、账簿的登记、成本计算、财产清查的会计处理和财务报表的编制等会计方法，提高学生对会计工作重要性的认识，增强责任感和使命感，提高分析问题、解决问题的能力。

## 二、背景资料

### （一）公司概况

1. 公司基本情况

宏大有限责任公司（以下简称“宏大公司”）为一般纳税人，主要生产甲、乙两种产品，增值税税率为 13%，公司采取集中核算的会计核算组织形式。公司营业执照及开户许可证见图 10－1、图 10－2。

营业执照

统一社会信用代码 23080010004228812H

名　　称　宏大有限责任公司
类　　型　有限责任公司
住　　所　佳木斯市郊区机场路66号
法定代表人　宋佳
注册资本　人民币壹仟万元整
成立日期　2006年06月01日
营业期限　2006年06月01日至2036年06月01日
经营范围　商事主体的经营范围、经营场所、投资产信息、年报信息和监管信息等请至佳木斯商事主体登记及信用信息公示平台查询。经营范围中涉及许可审批经营项目的，应在取得有关部门的许可后方可经营。

登记机关

2006年　06月　01日

图 10－1　营业执照

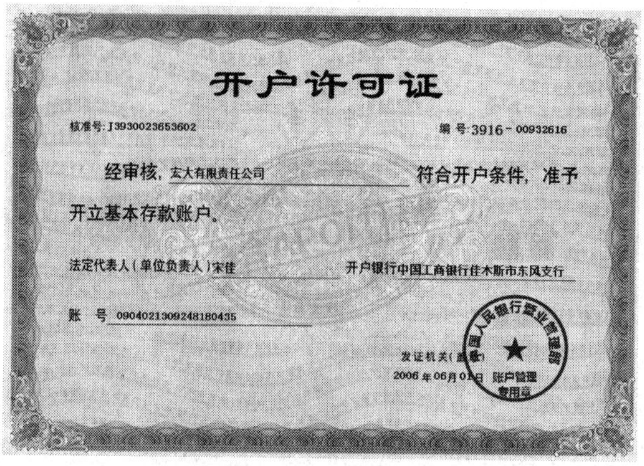
开户许可证

核准号:J3930023653602　　编号:3916-00932616

经审核，宏大有限责任公司 符合开户条件，准予开立基本存款账户。

法定代表人(单位负责人)宋佳　　开户银行中国工商银行佳木斯市东风支行

账号 0904021309248180435

发证机关(盖章)

2006年06月01日

**图 10-2　开户许可证**

2. 企业组织架构

企业组织架构见图 10-3。

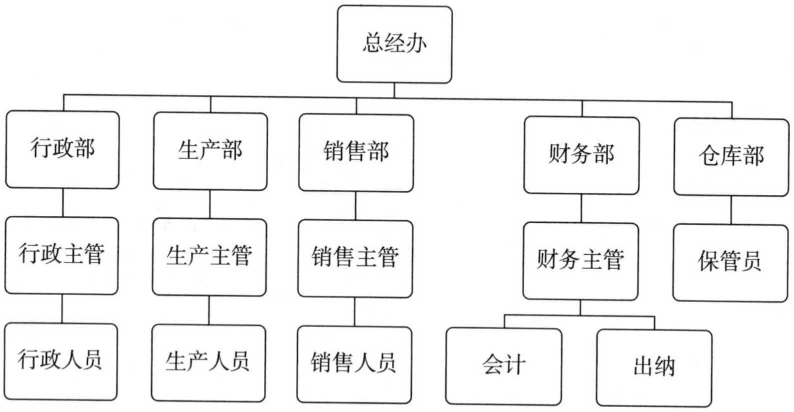


**图 10-3　企业组织架构**

3. 岗位设置及分工

宏大公司与财务工作紧密相关的主要人员见表 10-1。

**表 10-1　与财务工作紧密相关的主要人员**

| 序号 | 部门 | 职务 | 姓名 |
|---|---|---|---|
| 1 | 总经办 | 总经理 | 宋佳 |
| 2 | 财务部 | 财务主管 | 王力 |
| 3 | 财务部 | 会计 | 受训学生 |
| 4 | 财务部 | 出纳 | 肖芳 |
| 5 | 仓库部 | 保管员 | 沈健 |

4. 公司会计方法制度

(1) 公司采用账户汇总表账务处理程序，每月登记一次总账。

（2）公司采用通用记账凭证格式，凭证按月连续编号。

（3）公司总账和日记账采用三栏式，明细账根据业务和管理需要分别采用三栏式、数量金额式和多栏式。

（4）公司采用品种法进行产品成本计算。

（5）固定资产按平均年限法计提折旧。

（6）存货计价均按期初资料中给的单位成本进行。

（7）期末按生产人员工资比例分配制造费用。

（8）税费的计算标准与缴纳：所得税税率为25%，增值税税率为13%。本案例中，城市维护建设税和教育费附加，分别按应交增值税的7%和3%计算，按月缴纳。

（9）短期借款月末计息，按月支付。

（10）利润分配情况：年末按当年税后利润的10%提取法定盈余公积。本年度无其他分配。

## （二）有关账户信息资料

1. 2019年11月末相关各总分类账户余额见表10-2。

**表10-2　各总分类账户余额表**　　单位：元

| 账户 | 借或贷 | 金额 | 账户 | 借或贷 | 金额 |
|---|---|---|---|---|---|
| 库存现金 | 借 | 35 000 | 累计折旧 | 贷 | 1 250 000 |
| 银行存款 | 借 | 8 743 500 | 短期借款 | 贷 | 500 000 |
| 应收账款 | 借 | 81 900 | 应付账款 | 贷 | 150 000 |
| 原材料 | 借 | 530 000 | 预收账款 | 贷 | 10 000 |
| 库存商品 | 借 | 1 700 000 | 应付职工薪酬 | 贷 | 200 000 |
| 固定资产 | 借 | 7 840 000 | 应交税费 | 贷 | 62 685 |
| 在建工程 | 借 | 147 600 | 实收资本 | 贷 | 4 000 000 |
| 无形资产 | | 352 000 | 盈余公积 | 贷 | 305 000 |
| | | | 本年利润 | 贷 | 4 227 668 |
| | | | 利润分配 | 贷 | 8 724 647 |
| 合　计 | | 19 430 000 | 合　计 | | 19 430 000 |

2. 2019年11月末有关明细分类账户余额见表10-3和表10-4。

**表10-3　存货明细账户余额表**

| 存货名称 | 单位 | 数量 | 单价 | 金额（元） |
|---|---|---|---|---|
| 甲产品 | 件 | 8 000 | 100 | 800 000 |
| 乙产品 | 件 | 6 000 | 150 | 900 000 |
| A材料 | 千克 | 9 000 | 20 | 180 000 |
| B材料 | 千克 | 7 000 | 50 | 350 000 |

表 10-4　债权债务明细账户余额表

| 总账账户 | 明细账户 | 借或贷 | 金额（元） |
| --- | --- | --- | --- |
| 应收账款 | 利拓有限责任公司 | 借 | 46 800 |
| | 丰润有限责任公司 | 借 | 35 100 |
| 预收账款 | 环宇有限责任公司 | 贷 | 10 000 |
| | 洪丰有限责任公司 | 贷 | 58 500 |
| 应付账款 | 优势有限责任公司 | 贷 | 23 400 |
| | 松柏有限责任公司 | 贷 | 58 500 |
| | 暂估应付款（浩源公司） | 贷 | 9 600 |
| 应交税费 | 未交增值税 | 贷 | 32 685 |
| | 应交所得税 | 贷 | 20 000 |
| | 应交城市维护建设税 | 贷 | 7 000 |
| | 教育费附加 | 贷 | 3 000 |
| 短期借款 | 工行贷款（年利率 1.8%） | 贷 | 500 000 |
| 实收资本 | 丰盈公司 | 贷 | 40 000 000 |
| 利润分配 | 未分配利率 | 贷 | 8 724 647 |

3. 2016 年 1—11 月损益类账户累计发生额见表 10-5（均已按月结转）。

表 10-5　损益类账户累计发生额一览表　单位：元

| 账户名称 | 借方发生额 | 账户名称 | 贷方发生额 |
| --- | --- | --- | --- |
| 主营业务成本 | 8 216 000 | 主营业务收入 | 15 150 000 |
| 营业税金及附加 | 71 300 | 其他业务收入 | 1 015 000 |
| 其他业务成本 | 824 680 | 投资收益 | 700 000 |
| 管理费用 | 1 206 530 | 营业外收入 | 123 000 |
| 销售费用 | 935 000 | | |
| 财务费用 | 15 000 | | |
| 营业外支出 | 82 600 | | |
| 所得税费用 | 1 409 222 | | |
| 合　计 | 12 760 332 | 合　计 | 16 988 000 |

## 三、训练要求

根据相关训练资料完成下列任务：

1. 进行期初建账。

2. 填制并审核原始凭证。

3. 填制记账凭证并审核。

4. 登记现金日记账、银行存款日记账和所涉及的明细账。

5. 编制账户汇总表并登记总账。

6. 年终决算。主要任务是对账，结账，编制试算平衡表、资产负债表和利润表。

7. 装订会计凭证、会计账簿和会计报表。

8. 实训结束后，每人提交一份实习报告。

## 四、考核办法

1. 平时表现。此项考核是针对学生实训表现进行的，如出勤情况、训练态度、节约意识、协作意识、独立完成程度等。

2. 任务完成的数量。主要是考核完成任务的数量。

3. 任务完成的质量。主要从规范程度和正确率两方面进行考核。规范程度主要考核数字书写、错账更正方法和会计资料装订的规范程度。正确率考核主要考察会计凭证填写、账簿（页）登记、会计报表的编制是否正确。

至于平时表现、任务完成的数量和质量各占多大比例，可根据各学校学生的情况自行设定。

## 五、实训时间

综合实训时间一般不少于 30 学时，各校可根据学生的学习情况适当调整训练时间。按 30 学时的安排情况见表 10－6。

**表 10－6　　综合实训时间表**

| 序号 | 实训项目 | 实训内容 | 学时 |
|---|---|---|---|
| 1 | 建账 | 开启所需账簿、填写账户目录、登记账户期初余额。 | 2 |
| 2 | 填审原始凭证 | 填制并审核自制原始凭证、审核外来原始凭证。 | 6 |
| 3 | 填审记账凭证 | 填制并审核记账凭证（可采用通用记账凭证或专用记账凭证）。 | 6 |
| 4 | 登记账簿 | 登记现金日记账、银行存款日记账、明细账和总账（包括编制账户汇总表）。 | 8 |
| 5 | 年终决算 | 对账、结账、编制试算平衡表、编制资产负债表和利润表。 | 6 |
| 6 | 会计档案装订 | 装订会计凭证、会计账簿与会计报表。 | 2 |
| 合　计 | | | 30 |

## 六、训练准备

### （一）理论知识

完成本训练内容，不仅需要掌握主教材中相关的知识和方法，如所涉及账户的核算内容、建账方法、凭证的填制、账簿的登记、对账、结账、报表的编制和会计档案的装订等内容，还要重点了解会计基础工作规范的相关要求，如数字书写、凭证填制、账簿登记要求等，以便规范、准确、高效地完成训练任务，这是由学生自己所做的准备。

### （二）物资准备

物资准备包括训练所需资料和所需的用品用具等（见表10－7）。

表10－7　训练物资一览表

| 序号 | 物资名称 | 单位 | 人均用量 | 备　注 |
| --- | --- | --- | --- | --- |
| 1 | 实训资料 | 套 | 1 | 包括经济业务的文字表述和对应的原始凭证。 |
| 2 | 记账凭证（通用格式） | 张 | 83 | 使用专用记账凭证的老师要准备充足。 |
| 3 | 会计账簿 | | | |
| | 总分类账 | 张 | 36 | 可用活页最后装订成册。 |
| | 日记账 | 张 | 3 | 可用活页先装订成册，学校提供，也可学生自备。 |
| | 三栏金额式明细账 | 张 | 19 | 可适当多发。 |
| | 数量金额式明细账 | 张 | 4 | 可适当多发。 |
| | 多栏式明细账 | 张 | 5 | 可适当多发。 |
| 4 | 会计报表 | | | |
| | 平衡试算表 | 张 | 1 | 可适当多发。 |
| | 资产负债表 | 张 | 1 | 可适当多发。 |
| | 利润表 | 张 | 1 | 可适当多发。 |
| 5 | 封皮 | 套 | 1 | 包括凭证封皮、账簿封皮和报表封皮。 |
| 6 | 卷带 | 根 | 3 | |
| 7 | 其他材料 | 胶水、曲别针、大头针、装订机或锥子等根据具体人数提供；账簿用订本式的可适当发些口取纸。 | | |

## 七、训练指导

综合训练涉及的重要知识点提示如下。

### （一）建账

建账时，首先按照期初余额表中所列总账账户和明细账户的名称，建立总账和明细账，同时建立现金日记账和银行存款日记账。其次对没有期初余额但有发生额的账户进行建账。

使用订本账的，要启用账簿，首先在账簿封面上写明单位名称和账簿名称；其次填写账簿启用与经管人员一览表；再次是编制账户目录；又次要填写各账户的名称，预留账页；最后是登记各账户期初余额以及平衡试算。

使用活页账的，开立账户后即可登记相关账户的期初余额，各账户期初余额登记完毕，要进行试算平衡，确保无误后即可进行后续业务处理。

1. 建立日记账

日记账是按照经济业务发生或完成时间的先后顺序逐日逐笔进行登记的账簿。本训练应建立现金日记账和银行存款日记账，日记账应采用订本账，其账页格式采用三栏式。

2. 建立明细账

明细账的账页格式有三栏式、数量金额式和多栏式 3 种类型。

（1）三栏式明细账。那些只需进行金额核算的账户采用三栏式明细账。主要适用于债权债务账和资本类账的记录。其账页格式主要由“借方”“贷方”和“余额”三栏构成，本训练需开设的三栏式账户有“应收账款——利拓”“应收账款——丰润”“预收账款——环宇”“应付账款——洪丰”“应付账款——优势”等。

（2）数量金额式明细账。既需进行金额核算，又需数量核算的账户而设立的账户，采用数量金额式明细账。这种账页格式主要适用于财产物资账的记录。其账页格式主要由“借方”、“贷方”和“余额”3 个栏目构成，但每栏又分别设置“数量”、“单价”和“金额”3 个小栏目。本训练需开设的数量金额式账户有：“库存商品——甲产品”“库存商品——乙产品”“原材料——A 材料”“原材料——B 材料”等。

（3）多栏式明细账。多栏式明细账是能够详细反映某一账户发生额情况的账户，主要适用于费用、成本、收入等类账簿的记录。其账页格式是在借方、贷方分别设置多个栏目或在其中的某一方（借方或贷方）设置多个栏目，每个栏目都反映借方金额或贷方金额的构成情况，起详细说明的作用。例如，“管理费用”账户的借方设置“人工费”“办公费”“差旅费”“招待费”“折旧费”等。本训练需要开设的多栏式明细账有“制造费用明细账”“管理费用明细账”“销售费用明细账”等。

3. 建立总账

总账是反映相应账户总体情况的账簿，其账页格式为三栏式。本训练需要开设的总账账户有：“库存现金”“银行存款”“应收票据”“应收账款”“其他应收款”“固定资产”“累计折旧”“原材料”“库存商品”“短期借款”“应付账款”“应付职工薪酬”“实收资本”等。

### （二）处理经济业务

处理经济业务主要包括填审原始凭证、填审核账凭证和登记账簿等工作。受训练的局限，原始凭证审核主要检查业务内容和数字的正确性。

1. 原始凭证的填制

（1）支票的填制。目前，各单位最常使用的支票有两种：一种是现金支票，一种是转账支票。印有“现金”字样的支票为现金支票，印有“转账”字样的支票为转账支票。现金支票只能用于支取现金，转账支票只能用于转账业务的办理。

支票分为正联和存根联两部分，两联以骑缝线分开。出纳员签发支票后，将两联从骑缝线剪开，正联交于收款人办理转账事项或提取现金，存根联作为记账依据留存。签发支票时必须填写以下项目：

①签发日期。签发日期要填写实际出票日期，正联上的日期必须使用中文大写，同时注意，月为壹、贰和壹拾，日为壹至玖和壹拾、贰拾和叁拾的，应在其前面加“零”；日为拾壹至拾玖的，应在其前面加“壹”。存根部分，日期可用阿拉伯数字书写。

②收款单位名称。收款单位名称要填写全称，并与预留银行印鉴中的单位名称一致。

③金额。无论是大写金额，还是小写金额，都要紧接币种符号书写，不要留空白，以防加填数字。同时，要注意大小写金额的一致性。

④用途。支票中的用途一定要如实填写，且做到正联与存根联一致。

⑤签章。要在签章处按预留银行印鉴分别签章，单位章和法人章都不可缺少。

（2）发票的填制。关于金额，普通发票中“金额”栏填写含税销售额，增值税专用发票中“金额”栏填写的是不含税销售额。关于印章，普通发票可加盖财务专用章或发票专用章，增值税专用发票加盖发票专用章。其他项目按项目内容填写。

（3）银行收费凭证的填制。由于现金使用范围的有限性，单位很多业务都不可使用现金，都要通过银行办理。在银行受理各项支付结算时，要根据承担责任、业务成本以及应付相关部门费用的多少，收取不同项目的费用，如邮费、手续费、工本费等。单位在支付各项银行收费时，应填制一式三联的“银行收费凭证”，并在第三联加盖预留银行印鉴。支付某项费用后，银行加盖转讫章，将回单联退给单位作为记账依据。填制时以下项目必须填写：收费日期、缴费单位的名称、开户银行、银行账号、收费种类、凭证或结算种类、数量、单价和大小写金额等。

(4) 进账单的填制。各单位在收到转账支票、银行汇票、银行本票等票据，需要到银行办理转账收款时，要填制一式三联的进账单，并交与收款人开户银行，收款人开户银行盖章后，将收账通知联交给收款人作为记账依据。需要注意的是：收款人名称和付款人名称应与其在银行开户的名称相同，大小写金额要一致。

2. 记账凭证的填制

填制记账凭证要以原始凭证为依据，而且记账凭证要以审核无误的原始凭证为依据进行填制。记账凭证填制的重点是账户名称和方向两个项目。在根据某一业务或事项的原始凭证填制记账凭证时，应按以下思路进行：首先，分析该业务或事项涉及哪些会计要素内容；其次，确定这些内容要素在核算时所使用的会计账户，并且，要明确这些会计账户属于哪一类要素，是资产、负债、所有者权益，还是收入、费用、成本，是增加还是减少；最后，按照资产、费用、成本类增加记借方，负债、所有者权益、收入类增加记贷方的基本规律，确定账户的方向。例如，用银行存款100万元购买一台设备。分析思路是：这笔经济业务涉及两项资产的变化，一项是存款，另一项是固定资产，核算存款增减变化的账户是“银行存款”，核算固定资产增减变化的账户是“固定资产”，这两个账户都是资产类账户，增加记借方，减少记贷方，所以，该业务应该在“固定资产”账户借方记入100万元，在“银行存款”账户贷方记入100万元。

3. 账簿登记

登记账簿的基本依据是审核无误的记账凭证，但实际工作中，不同账簿的登记依据却不完全一样。日记账、三栏式明细账和多栏式明细账可根据记账凭证进行登记，数量金额式明细账则要根据记账凭证和原始凭证进行登记；总账的登记依据取决于所选择的会计工作流程，如果采用记账凭证会计工作流程，则总账登记的依据是每一张记账凭证，如果采用账户汇总表会计工作流程，总账登记的依据则是账户汇总表。本训练是一个月汇总一次，所以，编制账户汇总表的方法是将每一个账户的本月借、贷方发生额分别汇总后填入账户汇总表中的借方和贷方栏。

## （三）年终决算

在本训练中，年终决算需要完成的任务是：对账、结账、试算平衡表、资产负债表和利润表的编制。

1. 对账

对账的主要目的是检查账簿记录中是否存在问题。由于条件限制，本训练只能进行账证核对和账账核对两项内容，即只进行账簿记录与会计凭证之间的核对、总分类账与总分类账的核对、总分类账与所属明细分类账的核对、总分类账与日记账的核对、明细分类账之间的核对。

2. 结账

结账是定期将账簿记录结算清楚的一项工作。或者说，结账就是结束账目，以建次年新账。总账、明细账、日记账都要进行结账。

结账工作要在本期内发生的经济业务全部入账后进行。如果有漏账或错账，应在已经补记、更正完毕之后再进行结账。结账要将损益类账户转入“本年利润”账户，结平所有损益类账户，还要结算出资产、负债和所有者权益类账户的本期发生额和期末余额，并结转下期。结账的具体方法见教材中结账内容。

3. 试算平衡表的编制

试算平衡是指利用“资产＝负债＋所有者权益”的平衡原理，根据“有借必有贷，借贷必相等”的记账规律，通过汇总、计算和比较，来检查会计账务处理和账簿记录正确性、完整性的一种方法。试算平衡可采用发生额试算平衡法和余额试算平衡法两种方法来进行。

发生额试算平衡法就是检查本期所有账户借方发生额合计与贷方发生额合计是否相等的方法。余额试算平衡法就是检查本期所有账户借方余额合计与贷方余额合计是否相等的方法。

4. 资产负债表和利润表的编制

编制资产负债表要根据总账和明细账的期末余额，以及备查账簿的记录来进行，在没有特殊事项的情况下，根据总账和明细账的期末余额就可以完成资产负债表的编制工作。

编制利润表要根据损益类账户的本期发生额来进行，本训练要求编制 12 月份的利润表，因此，在编制利润表时，只需考虑 12 月份各损益类账户的本期发生额，其他省略。

### （四）会计档案装订

本训练中，会计档案装订包括记账凭证、账簿、资产负债表与利润表的装订。具体装订方法见教材相应内容。要做到厚度适当，平整美观。

本训练业务量不算太多，账页装订时，可将总分类账合订为一册，各种明细分类账合订为一册。分别加装封面，写明账簿名称、年度和月份。对所编制的两张会计报表，要单独装订且加装封面，并在封面上写明单位名称、年度和月份，加盖单位公章。

## 八、经济业务说明及其原始凭证

宏大公司 2019 年 12 月份发生的具体经济业务及其原始凭证如下。

1. 12 月 1 日，销售员张超预借差旅费 1 000 元。原始凭证见单据簿第 41 页借款单（单据 10－1）。

2. 12 月 1 日，接受丰盈公司投入的货币资金 500 000 元，协商价 500 000 元，存入银行。原始凭证见单据簿第 41 页收款收据（单据 10－2）、中国工商银行进账单（收账通知）（单据 10－3）。

3. 12 月 1 日，以转账支票上交上月的税金及教育费附加共 62 685 元。（应交增值税 32 685 元，应交所得税 20 000 元，应交城市维护建设税 7 000 元，应交教育附加费 3 000 元）。原始凭证见单据簿第 42～43 页中国工商银行电子缴税付款凭证（单据10－4、单据 10－5、单据 10－6）。

4. 12 月 1 日，向工商银行借入 9 个月期限的贷款 100 000 元，以解决流动资金不足的问题。贷款年利率为 3.6%。原始凭证见单据簿第 43～44 页中国工商银行价款凭证（单据 10－7）、工商银行业务回单（收款）（单据 10－8）。

5. 12 月 1 日，开出转账支票一张，支付给佳木斯市郊区建设与环境卫生管理局垃圾处理费 6 000 元。原始凭证见单据簿第 44～45 页政府非税收入专用票据（单据 10－9）、中国工商银行转账支票存根（单据 10－10）。

6. 12 月 1 日，冲销上月暂估 A 材料款 9 600 元，480 千克。原始凭证见单据簿第 45 页收料单（单据 10－11）。

7. 12 月 2 日，从优艺服装公司购买生产工人工作服 20 套，单价 120 元，增值税 312 元，服装和增值税专用发票已收到，款未付。原始凭证见单据簿第 45 页增值税专用发票（单据 10－12）。

8. 12 月 3 日，收到利拓有限责任公司归还前欠货款 46 800 元。原始凭证见单据簿第 46 页中国工商银行进账单（收账通知）（单据 10－13）。

9. 12 月 4 日，销售给秋实公司甲产品 2 000 件，单价 150 元，乙产品 1 000 件，单价 200 元，增值税专用发票上注明甲产品价款 300 000 元，增值税 39 000 元，乙产品价款 200 000 元，增值税 26 000 元，两种商品价税款合计 565 000 元，已办妥委托收款手续，货款尚未收到。原始凭证见单据簿第 46～47 页增值税专用发票（单据10－14）、出库单（单据 10－15）、托收凭证（受理回单）（单据 10－16）。

10. 12 月 5 日，到开户行购买两本支票共计 70 元，银行扣款 70 元。原始凭证见单据簿第 47 页中国工商银行业务回单（付款）（单据 10－17）。

11. 12 月 5 日，总经理宋佳要参加北京举办的行业高峰会，预借差旅费 3 000 元，用现金支付。原始凭证见单据簿第 48 页借款单（单据 10－18）。

12. 12月6日，开2 120元转账支票给新意广告公司，让其设计并制作本企业产品宣传单，尚未收到发票和宣传单。原始凭证见单据簿第48页转账支票存根（单据10－19）。

13. 12月6日，开转账支票65 400元给广浩建筑工程公司，让其粉刷办公楼室内墙壁，收到增值税专用发票。原始凭证见单据簿第48～49页转账支票存根（单据10－20）、增值税专用发票（单据10－21）。

14. 12月7日，接收丰盈公司作为投资投入的生产设备，收到增值税专用发票注明设备价款600 000元，增值税78 000元，协商价678 000元，设备已投入使用。原始凭证见单据簿第49～50页增值税专用发票（单据10－22）、固定资产验收单（单据10－23）。

15. 12月7日，开出一张面值为23 400元的转账支票，交付优势有限责任公司，用以偿还前欠货款。原始凭证见单据簿第50页中国工商银行转账支票存根（单据10－24）。

16. 12月8日，从佳木斯市前进建材厂购买A、B两种材料，其中，A材料500千克，单价20元，计10 000元，增值税1 300元；B材料400千克，单价50元，计20 000元，增值税2 600元。材料已验收入库，款项以银行存款支付。原始凭证见单据簿第50～51页增值税专用发票（单据10－25）、收料单（单据10－26）、中国工商银行转账支票存根（单据10－27）。

17. 12月9日，新意广告公司交来产品宣传单和增值税专用发票，价款2 000元，增值税120元。原始凭证见单据簿第51页增值税专用发票（单据10－28）。

18. 12月10日，电汇给优艺服装公司服装款2 712元。原始凭证见单据簿第52页电汇凭证（单据10－29）。

19. 12月10日，销售部张超开会归来，报销差旅费1 370元，出差前借款1 000元，以现金补付张超370元。原始凭证见单据簿第52页差旅费报销单（单据10－30）。

20. 12月10日，办公室被盗，丢失5台笔记本电脑，原值20 000元，已提折旧5 000元，已报领导，尚未批示。原始凭证见单据簿第53页固定资产盘点表（单据10－31）。

21. 12月10日，购买办公椅10把，入库待用，收到文华办公用品公司开来的普通发票，款项已用现金支付。原始凭证见单据簿第53～54页收款收据（单据10－32）、增值税普通发票（单据10－33）、收料单（单据10－34）。

22. 12月11日，从新时尚有限责任公司购入单价20元的A材料500千克，单价50元的B材料1 000千克，增值税专用发票上注明价款60 000元，增值税7 800元。材料已全部验收入库，全部款项已通过银行信汇支付。原始凭证见单据簿第55～56页增值税专用发票（单据10－35）、收料单（单据10－36）、中国工商银行信汇凭证（回单）（单据 10－37）。

23. 12 月 11 日，上月末收到浩源公司发票已入库的 480 千克 A 材料，现收到增值税专用发票，注明价款 9 600 元，增值税 1 248 元，款未付。原始凭证见单据簿第 56～57 页增值税专用发票（单据 10－38）、收料单（单据 10－39）。

24. 12 月 12 日，预收广东永鑫公司购货款 5 000 元，存入银行。原始凭证见单据簿第 57 页中国工商银行业务回单（收款）（单据 10－40）。

25. 12 月 12 日，开转账支票给佳木斯市电业局存电费 9 000 元，收到增值税专用发票注明金额 7 964.60 元，增值税 1 035.40 元。原始凭证见单据簿第 58 页中增值税专用发票（单据 10－41）、中国工商银行转账支票存根（单据 10－42）。

26. 12 月 13 日，总经理宋佳出差回来，报销差旅费 2 880 元，余款交回财务。原始凭证见单据簿第 59 页差旅费报销单（单据 10－43）、收款收据（单据 10－44）。

27. 12 月 13 日，开出转账支票 10 848 元偿还浩源公司货款。原始凭证见单据簿第 59 页中国工商银行转账支票存根（单据 10－45）。

28. 12 月 14 日，从顺德机械制造厂购入不需要安装的加工设备，价款 200 000 元，增值税 26 000 元，款项以银行电汇方式支付。设备已投入使用。原始凭证见单据簿第 60～61 页增值税专用发票（单据 10－46）、电汇凭证（单据 10－47）、固定资产验收单（单据 10－48）。

29. 12 月 14 日，领导批示，丢失的电脑应由当晚值班人员李伟赔偿 500 元，其余损失由公司承担。原始凭证见单据簿第 61 页的关于盘亏财产的处理意见（单据 10－49）。

30. 12 月 15 日，销售给广东永鑫公司甲产品 200 件，单价 150 元，增值税 3 900 元，开出增值税专用发票，收到汇款存入银行。原始凭证见单据簿第 61～62 页增值税专用发票（单据 10－50）、出库单（单据 10－51）、中国工商银行进账单（单据10－52）。

31. 12 月 16 日，生产车间为生产甲产品领用 A 材料 5 000 千克，B 材料 2 000 千克；A、B 材料单位成本分别为 20 元和 50 元。原始凭证见单据簿第 62 页领料单（单据 10－53）。

32. 12 月 16 日，发放职工工资 150 000 元（通过银行转入职工个人储蓄账户）。原始凭证见单据簿第 63 页中国工商银行转账支票存根（单据 10－54）、2019 年 12 月工资发放表（单据 10－55）、企业人员工资代发凭证（单据 10－56）。

33. 12 月 16 日，从佳木斯市前进建材厂购买单价 20 元的 A 材料 500 千克，增值税专用发票注明增值税 1 300 元，开出一张面值 11 300 元的转账支票支付了价税款，材料尚未入库。原始凭证见单据簿第 64 页增值税专用发票（单据 10－57）、中国工商银行转账支票存根（单据 10－58）。

34. 12 月 17 日，开出一张面值为 58 500 元的转账支票，交付洪丰有限责任公司，用以偿还前欠货款。原始凭证见单据簿第 64 页中国工商银行转账支票存根（单据 10－59）。

35. 12 月 17 日，签发面值为 5 000 元的转账支票一张，预付优势有限责任公司购买 A 材料的货款。原始凭证见单据簿第 65 页中国工商银行转账支票存根（单据 10－60）、收款收据（单据 10－61）。

36. 12 月 18 日，从佳木斯市前进建材厂购入单价 20 元的 500 千克 A 材料，已验收入库。原始凭证见表单据簿第 65 页收料单（单据 10－62）。

37. 12 月 18 日，印制高管的名片，用现金支付给新意广告公司印制费用 106 元，收到增值税专用发票。原始凭证见单据簿第 66 页增值税专用发票（单据 10－63）。

38. 12 月 19 日，开出面值为 31 800 元的转账支票，向中国财产保险股份有限公司佳西分公司预付下年度财产保险费，收到增值税专用发票注明金额 30 000 元，增值税 1 800 元。原始凭证见单据簿第 66 页中国工商银行转账支票存根（单据 10－64）、增值税专用发票（单据 10－65）。

39. 12 月 19 日，开出转账支票支付总经理专车违章罚款 1 000 元。原始凭证见单据簿第 67 页中国工商银行转账支票存根（单据 10－66）、政府非税收入专用票据（单据 10－67）。

40. 12 月 20 日，开转账支票 5 300 元支付新创广告有限公司的广告费，收到增值税专用发票，价款 5 000 元，增值税 300 元。原始凭证见单据簿第 67～68 页中国工商银行转账支票存根（单据 10－68）、增值税专用发票（单据 10－69）。

41. 12 月 20 日，行政部报销总经理用车过桥费 200 元，现金付讫，收到发票。原始凭证见单据簿第 68 页过路过桥发票（单据 10－70）。

42. 12 月 21 日，收到活期存款利息收入 7 000 元。原始凭证见单据簿第 69 页中国工商银行业务回单（收款）（单据 10－71）。

43. 12 月 22 日，从北京鑫华公司购买 A 材料 1 500 千克，单价 19.8 元，买价 29 700 元，增值税 3 861 元，货未到，款用电汇支付。原始凭证见单据簿第 69～70 页电汇凭证（单据 10－72）、增值税专用发票（单据 10－73）、中国工商银行业务回单（付款）（单据 10－74）。

44. 12 月 23 日，将现金 5 000 元送存银行。原始凭证见单据簿第 70 页现金存款凭条（单据 10－75）。

45. 12 月 23 日，生产车间领用办公椅 2 把，行政科室领用办公椅 5 把。原始凭证见单据簿第 70～71 页领料单（单据 10－76、单据 10－77）。

46. 12 月 23 日，向环宇有限责任公司发出甲产品 1 000 件，单价 150 元，乙产品 500 件，单价 200 元，开出的增值税发票注明价款为 250 000 元，增值税为 32 500 元，价税合计 282 500 元。原已预收 10 000 元，不足款项收到一张面额为

272 500元的转账支票。原始凭证见单据簿第71～72页增值税专用发票（单据10－78）、出库单（单据10－79）、中国工商银行进账单（收账通知）（单据10－80）。

47. 12月23日，销售给利拓有限责任公司甲产品1 000件，单价150元，乙产品1 000件，单价200元，增值税专用发票上注明甲产品价款150 000元，增值税19 500元，乙产品价款200 000元，增值税26 000元，两种商品价税款合计395 500元，已办妥委托收款手续，货款尚未收到。原始凭证见单据簿第72～73页增值税专用发票（单据10－81）、出库单（单据10－82）、托收凭证（受理回单）（单据10－83）。

48. 12月23日，生产车间为生产甲产品领用A材料2 000千克，B材料1 000千克；生产车间为生产乙产品领用A材料1 000千克，B材料500千克。A、B材料单位成本分别为20元和50元。原始凭证见单据簿第73～74页领料单（单据10－84、单据10－85）。

49. 12月24日，开转账支票支付聚财修理厂的车间设备修理费，收到增值税专用发票，价款2 000元，增值税260元。原始凭证见单据簿第74页中国工商银行转账支票存根（单据10－86）、增值税专用发票（单据10－87）。

50. 12月24日，车间一般耗用领用A材料100千克，B材料100千克，A、B材料单位成本分别为20元和50元。原始凭证见单据簿第75页领料单（单据10－88）。

51. 12月25日，丰润有限责任公司开来期限为3个月的商业承兑汇票偿还其所欠本公司的货款35 100元。原始凭证见单据簿第75页商业承兑汇票（单据10－89）。

52. 12月25日，开出一张面值为10 000元的现金支票，从银行提取现金备用。原始凭证见单据簿第75页中国工商银行现金支票存根（单据10－90）。

53. 12月25日，公司销售部经理王微将赴广州参加产品交易会，预借差旅费5 000元，以现金付讫。原始凭证见单据簿第76页借款单（单据10－91）。

54. 12月26日，职工李伟交来赔偿款500元。原始凭证见单据簿第76页收款收据（单据10－92）。

55. 12月26日，电汇支付从北京鑫华公司购买A材料的运输费300元，增值税27元。原始凭证见单据簿第76～77页增值税专用发票（单据10－93）、电汇凭证（单据10－94）、中国工商银行业务回单（付款）（单据10－95）。

56. 12月26日，从北京鑫华公司购入的A材料已到，已验收入库。原始凭证见单据簿第77页收料单（单据10－96）。

57. 12月27日，从佳木斯市前进建材厂购入B材料200公斤，料已入库，发票未收到，款未付。原始凭证见单据簿第78页收料单（单据10－97）。

58. 12月27日，开转账支票5 000元支付给丽人劳务中介公司本月保洁人员工资，收到增值税普通发票。原始凭证见单据簿第78～79页增值税普通发票（单据10－98）、转账支票存根（10－99）。

59. 12月28日，生产车间为生产乙产品领用A材料2 000千克，B材料1 000

千克；A、B材料单位成本分别为20元和50元。原始凭证见单据簿第79页领料单（单据10－100）。

60. 12月28日，出售给大功德废品收购公司废旧物资一批，含税价620元，其中，价款548.67元，增值税71.33元，收到现金。原始凭证见单据簿第79～80页收款收据（单据10－101）、增值税专用发票（单据10－102）（发票明细清单略）。

61. 12月28日，公司总经理宋佳报销差旅费1 910元，现金付给，出差前未借差旅费。原始凭证见单据簿第80页差旅费报销单（单据10－103）。

62. 12月28日，通过希望工程佳木斯市办事处向农村小学捐款100 000元。原始凭证见单据簿第81页公益性单位接受捐赠统一收据（单据10－104）、中国工商银行转账支票存根（单据10－105）。

63. 12月29日，开出一张面值为5 000元的现金支票，预付职工王佳来差旅费。原始凭证见单据簿第81页中国工商银行现金支票存根（单据10－106）、借款单（单据10－107）。

64. 12月30日，财务部购买打印纸206元，收到普通发票以现金支付。原始凭证见单据簿第82页增值税普通发票（单据10－108）。

65. 12月30日，行政部报销招待费250元，以现金支付。原始凭证见单据簿第82页增值税普通发票（单据10－109）。

66. 12月30日，公司销售部经理王微25日去广州参加产品交易会，历时6天，报销差旅费5 000元，其中，差旅补助1 080元（每天补助180元），住宿费2 180元，往返火车票费1 040元，会务费700元。原预借差旅费5 000元。原始凭证见单据簿第83页差旅费报销单（单据10－110）。

67. 12月30日，得到确切消息，证实了松柏有限责任公司已经破产，原欠货款58 500元无法归还，转入公司营业外收入。原始凭证见单据簿第83页申请（单据10－111）。

68. 12月30日，销售给中信竹有限责任公司甲产品200件，单价150元，增值税专用发票上注明价款30 000元，增值税3 900元，乙产品500件，单价200元，增值税专用发票上注明价款100 000元，增值税13 000元，产品已发出，货款尚未收到。原始凭证见单据簿第84页增值税专用发票（单据10－112）、出库单（单据10－113）。

69. 12月31日，收到中信竹有限责任公司开出的面额为146 900元的银行承兑汇票一张，偿还了本月30日购买甲、乙产品的全部款项。原始凭证见单据簿第85页中国工商银行进账单（收账通知）（单据10－114）。

70. 12月31日，用转账支票支付本月办公用电话费9 810元，其中，价款9 000元，增值税810元。原始凭证见单据簿第85～86页中国工商银行转账支票存根（单据10－115）、增值税专用发票（单据10－116）。

71. 12月31日，用银行存款支付本月水费5 000元，增值税650元，其中生产车间耗用4 500元，行政管理部门耗用500元。原始凭证见单据簿第86～87页增值税专用发票（单据10－117）、中国工商银行转账支票存根（单据10－118）、水费分配表（单据10－119）。

72. 12月31日，分配本月电费1 000元，生产车间照明耗用1 000元，行政管理部门耗用1 000元。原始凭证见单据簿第87页电费分配表（单据10－120）。

73. 12月31日，报销总经理专车加油费，收到中国石化公司佳木斯分公司开来的增值税专用发票，价款5 000元，增值税650元，以现金支付。原始凭证见单据簿第87页增值税专用发票（单据10－121）。

74. 12月31日，从佳木斯市前进建材厂购入27日入库的B材料发票还未收到，款未付。暂估入账。

75. 12月31日，材料清查中，发现B材料短缺10千克，价值500元，经查属管理不善所致（不考虑进项税额转出）。商品清查中，发现乙产品溢余5件，重置成本750元，经查属于计量不准造成。原始凭证见单据簿第88页财产盘点报告单（单据10－122），关于盘盈、盘亏财产的处理意见（单据10－123）。

76. 12月31日，清查现金，发现长款100元，原因不明，领导已批示并做相应处理。原始凭证见单据簿第88～89页库存现金盘点表（单据10－124）、关于现金盘盈的处理意见（单据10－125）。

77. 12月31日，清查固定资产，发现盘亏一台打印机，原值2 000元，已提折旧1 500元，原因不明，领导已批示并做相应处理。原始凭证见单据簿第89页固定资产盘点表（单据10－126）、关于资产盘亏的处理意见（单据10－127）。

78. 12月31日，分配本月工资费用，工资总额190 000元，其中，生产甲产品人员工资80 000元，生产乙产品人员工资60 000元，车间管理人员工资10 000元，行政管理人员工资20 000元，销售人员工资20 000元。原始凭证见单据簿第90页工资费用分配表（单据10－128）。

79. 12月31日，按工资总额190 000元的14%计提职工福利费，其中生产甲产品人员11 200元，生产乙产品人员8 400元，车间管理人员工资1 400元，行政管理人员2 800元，销售人员工资2 800元。原始凭证见单据簿第90页职工福利分配表（单据10－129）。

80. 12月31日，按工资总额190 000元的2%计提工会经费，甲产品人员1 600元，生产乙产品人员工资1 200元，车间管理人员工资200元，行政管理人员工资400元，销售人员工资400元。原始凭证见单据簿第90页工会经费分配表（单据10－130）。

81. 12月31日，计提折旧10 044元，其中车间设备7 694元，行政管理部门设备2 150元，销售部门设备200元。原始凭证见单据簿第91页折旧费计提表（单据

10－131)。

82. 12月31日，计提本月借款利息，本金500 000元，年利率1.8%；本金100 000元，年利率3.6%。原始凭证见单据簿第91页借款利息计算表（单据10－132)。

83. 12月31日，填写制造费用汇总表和制造费用分配表，将本月发生的制造费用汇总后，按生产人员工资比例计算分配到甲、乙两产品生产成本的制造费用数额。原始凭证见单据簿第91～92页制造费用汇总表（单据10－133)、制造费用分配表（单据10－134)。

84. 12月31日，本月甲产品投产4 000件，乙产品2 000件，月末全部完工入库，结转生产成本。原始凭证见单据簿第92页产品成本计算表（单据10－135)、产成品入库单（单据10－136)。

85. 12月31日，按上月末单价（即甲产品100元，乙产品150元）计算结转本月已售产品的销售成本。原始凭证见单据簿第93页产品销售成本汇总计算表（单据10－137)。

86. 12月31日，按本月产品应交纳的增值税，分别按7%和3%计算产品应交纳的城市维护建设税及教育费附加。原始凭证见单据簿第93页城市维护建设税及教育费附加计算表（单据10－138)。

87. 12月31日，结转有关损益类账户，计算本月实现利润总额。原始凭证见单据簿第93页12月损益类账户资料表（单据10－139)。

88. 12月31日，计算并结转本月所得税，税率为25%（不考虑纳税调整事项)。原始凭证见单据簿第94页12月所得税计算表（单据10－140)、所得税结转单（单据10－141)。

89. 12月31日，结转本年实现的净利润。原始凭证见单据簿第95页本年利润结转计算表（单据10－142)。

90. 12月31日，按本年税后净利润的10%提取法定盈余公积。原始凭证见单据簿第95页盈余公积计算表（单据10－143)。

91. 12月31日，宣告分配给股东现金股利200 000元。原始凭证见单据簿第95页关于分配现金股利的公告（单据10－144)。

92. 12月31日，将“利润分配”账户所属明细账中除“利润分配—未分配利润”以外的各明细账户余额结转到“利润分配—未分配利润”账户。原始凭证见单据簿第95页利润分配各明细账户结转单（单据10－145)。

**图书在版编目(CIP)数据**

基础会计实训：手工实操与在线实训/沈清文主编. —北京：中国人民大学出版社，2017.8
（职业院校会计手工实操与在线实训系列教材）
ISBN 978-7-300-24485-3

Ⅰ. ①基… Ⅱ. ①沈… Ⅲ. ①会计学-教材 Ⅳ. ①F230

中国版本图书馆 CIP 数据核字（2017）第 123134 号

职业院校会计手工实操与在线实训系列教材

**基础会计实训——手工实操与在线实训**

沈清文 主编

Jichu Kuaiji Shixun——Shougong Shicao yu Zaixian Shixun

| | | | |
|---|---|---|---|
| **出版发行** | 中国人民大学出版社 | | |
| **社　　址** | 北京中关村大街 31 号 | **邮政编码** | 100080 |
| **电　　话** | 010－62511242（总编室） | | 010－62511770（质管部） |
| | 010－82501766（邮购部） | | 010－62514148（门市部） |
| | 010－62515195（发行公司） | | 010－62515275（盗版举报） |
| **网　　址** | http://www.crup.com.cn | | |
| **经　　销** | 新华书店 | | |
| **印　　刷** | 北京昌联印刷有限公司 | | |
| **规　　格** | 185 mm×260 mm　16 开本 | **版　　次** | 2017 年 8 月第 1 版 |
| **印　　张** | 16　插页 1 | **印　　次** | 2023 年 5 月第 3 次印刷 |
| **字　　数** | 168 000 | **定　　价** | 59.80 元 |

# 基础会计实训
# 单据簿

**基础会计实训单据目录表**

| 项目序号 | 项目资料序号 | 业务序号 | 业务摘要 | 原始单据 | | |
|---|---|---|---|---|---|---|
| | | | | 序号 | 名称 | 页码 |
| 单项实训项目6 | 1 | (1) | 提取现金 | 6-1 | 现金支票存根 | 1 |
| | | (2) | 预借差旅费 | 6-2 | 借款单 | 1 |
| | | (3) | 报销办公用品费 | 6-3 | 增值税普通发票 | 1 |
| | | (4) | 购进圆钢 | 6-4 | 增值税专用发票 | 2 |
| | | | | 6-5 | 收料单 | 2 |
| | | (5) | 报销差旅费 | 6-6 | 差旅费报销单 | 3 |
| 单项实训项目6 | 2 | (1) | 预借差旅费 | 6-7 | 借款单 | 3 |
| | | (2) | 提取备用金 | 6-8 | 现金支票 | 4 |
| | | (3) | 购进办公用品 | 6-9 | 转账支票 | 4 |
| | | (4) | 归还前欠材料款 | 6-10-1 | 银行信汇凭证（回单） | 5 |
| | | | | 6-10-2 | 银行信汇凭证（借方凭证） | 5 |
| | | | | 6-10-3 | 银行信汇凭证（贷方凭证） | 6 |
| | | | | 6-10-4 | 银行信汇凭证（收账通知） | 6 |
| | | (5) | 收到钢材 | 6-11-1 | 收料单（仓库联） | 7 |
| | | | | 6-11-2 | 收料单（存根联） | 7 |
| | | | | 6-11-3 | 收料单（会计联） | 8 |
| | | | | 6-11-4 | 收料单（业务联） | 8 |
| | | (6) | 发放包装箱 | 6-12-1 | 领料单（业务联） | 9 |
| | | | | 6-12-2 | 领料单（会计联） | 9 |
| | | | | 6-12-3 | 领料单（仓库联） | 9 |
| | | | | 6-12-4 | 领料单（存根联） | 10 |
| | | (7) | 超限额库存现金送存银行 | 6-13-1 | 现金存款凭条（银行核对联） | 10 |
| | | | | 6-13-2 | 现金存款凭条（客户核对联） | 10 |
| | | (8) | 销售车床（托收承付） | 6-14-1 | 增值税专用发票（记账联） | 11 |
| | | | | 6-14-2 | 增值税专用发票（抵扣联） | 11 |
| | | | | 6-14-3 | 增值税专用发票（发票联） | 11 |
| | | | | 6-15-1 | 托收凭证（受理回单） | 12 |
| | | | | 6-15-2 | 托收凭证（贷方凭证） | 12 |
| | | | | 6-15-3 | 托收凭证（借方凭证） | 13 |
| | | | | 6-15-4 | 托收凭证（汇款依据或收账通知） | 13 |
| | | | | 6-15-5 | 托收凭证（付款通知） | 14 |

续前表

| 项目序号 | 项目资料序号 | 业务序号 | 业务摘要 | 原始单据 | | |
|---|---|---|---|---|---|---|
| | | | | 序号 | 名称 | 页码 |
| 单项实训项目6 | 4 | (1) | 超限额库存现金送存银行 | 6－16 | 收款凭证 | 14 |
| | | (2) | 从银行提取现金备用 | 6－17 | 收款凭证 | 15 |
| | | (3) | 偿还借款 | 6－18 | 付款凭证 | 15 |
| | | (4) | 预借差旅费 | 6－19 | 付款凭证 | 15 |
| | | (5) | 报销差旅费 | 6－20 | 付款凭证 | 16 |
| | | (6) | 购买办公用品 | 6－21 | 付款凭证 | 16 |
| | | (7) | 购买甲材料 | 6－22 | 付款凭证 | 16 |
| | | (8) | 赊销商品 | 6－23 | 转账凭证 | 17 |
| 单项实训项目7 | 1 | — | 查找账簿启用中存在问题 | 7－1 | 账簿启用及交接表 | 17 |
| | | | | 7－2 | 账簿启用及交接表 | 18 |
| | | | | 7－3 | 库存现金日记账 | 18 |
| 单项实训项目7 | 3 | — | 登记日记账、明细分类账和总分类账 | 7－4 | 借款单 | 19 |
| | | | | 7－5 | 记账凭证 | 19 |
| | | | | 7－6 | 领料单 | 19 |
| | | | | 7－7 | 记账凭证 | 20 |
| | | | | 7－8 | 记账凭证 | 20 |
| | | | | 7－9 | 记账凭证 | 20 |
| | | | | 7－10 | 记账凭证 | 21 |
| | | | | 7－11 | 记账凭证 | 21 |
| | | | | 7－12 | 领料单 | 21 |
| | | | | 7－13 | 记账凭证 | 22 |
| | | | | 7－14 | 记账凭证 | 22 |
| | | | | 7－15 | 领料单 | 22 |
| | | | | 7－16 | 记账凭证 | 23 |
| | | | | 7－17 | 记账凭证 | 23 |
| | | | | 7－18 | 收料单 | 23 |
| | | | | 7－19 | 记账凭证 | 24 |
| | | | | 7－20 | 记账凭证 | 24 |
| | | | | 7－21 | 记账凭证 | 24 |
| | | | | 7－22 | 产成品入库单 | 25 |

续前表

| 项目序号 | 项目资料序号 | 业务序号 | 业务摘要 | 原始单据 | | |
| --- | --- | --- | --- | --- | --- | --- |
| | | | | 序号 | 名称 | 页码 |
| 单项实训项目7 | 3 | — | 登记日记账、明细分类账和总分类账 | 7-23 | 产品成本计算表 | 25 |
| | | | | 7-24 | 记账凭证 | 25 |
| | | | | 7-25 | 记账凭证 | 26 |
| | | | | 7-26 | 财产盘点报告单 | 26 |
| | | | | 7-27 | 记账凭证 | 26 |
| | | | | 7-28 | 记账凭证 | 27 |
| | | | | 7-29 | 记账凭证 | 27 |
| | | | | 7-30 | 记账凭证 | 27 |
| | | | | 7-31 | 记账凭证 | 28 |
| | | | | 7-32 | 记账凭证 | 28 |
| | | | | 7-33 | 记账凭证 | 28 |
| | | | | 7-34 | 记账凭证 | 29 |
| | | | | 7-35 | 记账凭证 | 29 |
| | | | | 7-36 | 记账凭证 | 29 |
| | | | | 7-37 | 记账凭证 | 30 |
| | | | | 7-38 | 记账凭证 | 30 |
| | | | | 7-39 | 产品销售成本汇总计算表 | 30 |
| | | | | 7-40 | 记账凭证 | 31 |
| | | | | 7-41 | 记账凭证 | 31 |
| | | | | 7-42 | 记账凭证 | 31 |
| | | | | 7-43 | 记账凭证 | 32 |
| | | | | 7-44 | 记账凭证 | 32 |
| | | | | 7-45 | 记账凭证 | 32 |
| 单项实训项目7 | 4 | (1) | 根据原始凭证查找记账凭证和账簿的错误记录 | 7-46 | 增值税专用发票 | 33 |
| | | | | 7-47 | 转账支票存根 | 33 |
| | | | | 7-48 | 借款单 | 33 |
| | | | | 7-49 | 银行进账单（收账通知） | 34 |
| | | | | 7-50 | 增值税专用发票 | 34 |
| | | | | 7-51 | 转账支票存根 | 34 |
| | | | | 7-52 | 银行信汇凭证（回单） | 35 |

续前表

| 项目序号 | 项目资料序号 | 业务序号 | 业务摘要 | 原始单据 | | |
|---|---|---|---|---|---|---|
| | | | | 序号 | 名称 | 页码 |
| 单项实训项目7 | 4 | (2) | 根据原始凭证查找记账凭证和账簿的错误记录 | 7－53 | 记账凭证 | 35 |
| | | | | 7－54 | 记账凭证 | 36 |
| | | | | 7－55 | 记账凭证 | 36 |
| | | | | 7－56 | 记账凭证 | 36 |
| | | | | 7－57 | 记账凭证 | 37 |
| | | | | 7－58 | 管理费用明细账 | 37 |
| | | | | 7－59 | 库存现金日记账 | 37 |
| | | | | 7－60 | 银行存款日记账 | 38 |
| | | | | 7－61 | 应付账款明细账 | 38 |
| | | | | 7－62 | 预付账款明细账 | 38 |
| | | | | 7－63 | 应收账款明细账 | 39 |
| | | | | 7－64 | 应交税费——应交增值税明细账 | 39 |
| 单项实训项目8 | 2 | — | 编制银行存款余额调节表 | 8－1 | 银行存款日记账 | 39 |
| | | | | 8－2 | 银行对账单 | 40 |
| | | | | 8－3 | 银行存款余额调节表 | 40 |
| 综合实训 | — | 1 | 预借差旅费 | 10－1 | 借款单 | 41 |
| | | 2 | 接受投资款 | 10－2 | 收款收据 | 41 |
| | | | | 10－3 | 银行进账单（收账通知） | 41 |
| | | 3 | 缴纳税款 | 10－4 | 电子缴税付款凭证 | 42 |
| | | | | 10－5 | 电子缴税付款凭证 | 42 |
| | | | | 10－6 | 电子缴税付款凭证 | 43 |
| | | 4 | 向银行借款 | 10－7 | 借款凭证 | 43 |
| | | | | 10－8 | 银行业务回单（收款） | 44 |
| | | 5 | 支付垃圾处理费 | 10－9 | 政府非税收入专用票据 | 44 |
| | | | | 10－10 | 转账支票存根 | 45 |
| | | 6 | 冲销暂估款 | 10－11 | 收料单 | 45 |
| | | 7 | 购买工作服 | 10－12 | 增值税专用发票 | 45 |
| | | 8 | 收回货款 | 10－13 | 银行进账单（收账通知） | 46 |
| | | 9 | 销售货物 | 10－14 | 增值税专用发票 | 46 |
| | | | | 10－15 | 出库单 | 46 |
| | | | | 10－16 | 托收凭证（受理回单） | 47 |

续前表

| 项目序号 | 项目资料序号 | 业务序号 | 业务摘要 | 原始单据 | | |
|---|---|---|---|---|---|---|
| | | | | 序号 | 名称 | 页码 |
| 综合实训 | — | 10 | 购买支票 | 10-17 | 银行业务回单（付款） | 47 |
| | | 11 | 预借拆 V 领勬额 | 10-18 | 借款单 | 48 |
| | | 12 | 预付款项 | 10-19 | 转账支票存根 | 48 |
| | | 13 | 支付粉刷费用 | 10-20 | 转账支票存根 | 48 |
| | | | | 10-21 | 增值税专用发票 | 49 |
| | | 14 | 收到投资设备 | 10-22 | 增值税专用发票 | 49 |
| | | | | 10-23 | 固定资产验收单 | 50 |
| | | 15 | 偿还货款 | 10-24 | 转账支票存根 | 50 |
| | | 16 | 购入材料 | 10-25 | 增值税专用发票 | 50 |
| | | | | 10-26 | 收料单 | 51 |
| | | | | 10-27 | 转账支票存根 | 51 |
| | | 17 | 收到发票 | 10-28 | 增值税专用发票 | 51 |
| | | 18 | 支付货款 | 10-29 | 电汇凭证 | 52 |
| | | 19 | 报销差旅费 | 10-30 | 差旅费报销单 | 52 |
| | | 20 | 笔记本电脑丢失 | 10-31 | 固定资产盘点表 | 53 |
| | | 21 | 购买办公椅 | 10-32 | 收款收据 | 53 |
| | | | | 10-33 | 增值税普通发票 | 54 |
| | | | | 10-34 | 收料单 | 54 |
| | | 22 | 购买材料 | 10-35 | 增值税专用发票 | 55 |
| | | | | 10-36 | 收料单 | 55 |
| | | | | 10-37 | 银行信汇凭证（回单） | 56 |
| | | 23 | 收到发票 | 10-38 | 增值税专用发票 | 56 |
| | | | | 10-39 | 收料单 | 57 |
| | | 24 | 预收货款 | 10-40 | 银行业务回单（收款） | 57 |
| | | 25 | 预存电费 | 10-41 | 增值税专用发票 | 58 |
| | | | | 10-42 | 转账支票存根 | 58 |
| | | 26 | 报销差旅费 | 10-43 | 差旅费报销单 | 59 |
| | | | | 10-44 | 收款收据 | 59 |
| | | 27 | 偿还货款 | 10-45 | 转账支票存根 | 59 |
| | | 28 | 购买设备 | 10-46 | 增值税专用发票 | 60 |
| | | | | 10-47 | 电汇凭证 | 60 |
| | | | | 10-48 | 固定资产验收单 | 61 |

续前表

| 项目序号 | 项目资料序号 | 业务序号 | 业务摘要 | 原始单据 | | |
|---|---|---|---|---|---|---|
| | | | | 序号 | 名称 | 页码 |
| 综合实训 | — | 29 | 盘亏财产的处理 | 10-49 | 关于盘亏财产的处理意见 | 61 |
| | | 30 | 销售货物 | 10-50 | 增值税专用发票 | 61 |
| | | | | 10-51 | 出库单 | 62 |
| | | | | 10-52 | 进账单（收账通知） | 62 |
| | | 31 | 领用原材料 | 10-53 | 领料单 | 62 |
| | | 32 | 发放工资 | 10-54 | 转账支票存根 | 63 |
| | | | | 10-55 | 工资发放表 | 63 |
| | | | | 10-56 | 企业人员工资代发凭证 | 63 |
| | | 33 | 购买材料 | 10-57 | 增值税专用发票 | 64 |
| | | | | 10-58 | 转账支票存根 | 64 |
| | | 34 | 偿还货款 | 10-59 | 转账支票存根 | 64 |
| | | 35 | 预付材料款 | 10-60 | 转账支票存根 | 65 |
| | | | | 10-61 | 收款收据 | 65 |
| | | 36 | 材料验收入库 | 10-62 | 收料单 | 65 |
| | | 37 | 支付印刷费用 | 10-63 | 增值税专用发票 | 66 |
| | | 38 | 预付财产保险费 | 10-64 | 转账支票存根 | 66 |
| | | | | 10-65 | 增值税专用发票 | 66 |
| | | 39 | 支付违章罚款 | 10-66 | 转账支票存根 | 67 |
| | | | | 10-67 | 政府非税收入专用票据 | 67 |
| | | 40 | 支付广告费 | 10-68 | 转账支票存根 | 67 |
| | | | | 10-69 | 增值税专用发票 | 68 |
| | | 41 | 报销过桥费 | 10-70 | 过路过桥发票 | 68 |
| | | 42 | 收到存款利息 | 10-71 | 银行业务回单（收款） | 69 |
| | | 43 | 购买原材料 | 10-72 | 电汇凭证 | 69 |
| | | | | 10-73 | 增值税专用发票 | 69 |
| | | | | 10-74 | 银行业务回单（付款） | 70 |
| | | 44 | 存现 | 10-75 | 现金存款凭条（客户核对联） | 70 |
| | | 45 | 领用办公椅 | 10-76 | 领料单 | 70 |
| | | | | 10-77 | 领料单 | 71 |

续前表

| 项目序号 | 项目资料序号 | 业务序号 | 业务摘要 | 原始单据 | | |
|---|---|---|---|---|---|---|
| | | | | 序号 | 名称 | 页码 |
| 综合实训 | — | 46 | 发出商品 | 10－78 | 增值税专用发票 | 71 |
| | | | | 10－79 | 出库单 | 71 |
| | | | | 10－80 | 银行进账单（回单） | 72 |
| | | 47 | 销售货物 | 10－81 | 增值税专用发票 | 72 |
| | | | | 10－82 | 出库单 | 72 |
| | | | | 10－83 | 托收凭证（受理回单） | 73 |
| | | 48 | 领用材料 | 10－84 | 领料单 | 73 |
| | | | | 10－85 | 领料单 | 74 |
| | | 49 | 支付修理费 | 10－86 | 转账支票存根 | 74 |
| | | | | 10－87 | 增值税专用发票 | 74 |
| | | 50 | 领用材料 | 10－88 | 领料单 | 75 |
| | | 51 | 收到商业承兑汇票 | 10－89 | 商业承兑汇票 | 75 |
| | | 52 | 提取备用金 | 10－90 | 现金支票存根 | 75 |
| | | 53 | 预借差旅费 | 10－91 | 借款单 | 76 |
| | | 54 | 收到赔偿款 | 10－92 | 收款收据 | 76 |
| | | 55 | 支付运费 | 10－93 | 增值税专用发票 | 76 |
| | | | | 10－94 | 电汇凭证 | 77 |
| | | | | 10－95 | 银行业务回单（付款） | 77 |
| | | 56 | 材料验收入库 | 10－96 | 收料单 | 77 |
| | | 57 | 材料验收入库 | 10－97 | 收料单 | 78 |
| | | 58 | 支付劳务费 | 10－98 | 增值税普通发票 | 78 |
| | | | | 10－99 | 转账支票存根 | 79 |
| | | 59 | 领用原材料 | 10－100 | 领料单 | 79 |
| | | 60 | 出售废旧物资 | 10－101 | 收款收据 | 79 |
| | | | | 10－102 | 增值税专用发票 | 80 |
| | | 61 | 报销差旅费 | 10－103 | 差旅费报销单 | 80 |
| | | 62 | 捐款 | 10－104 | 公益性单位接受捐赠统一收据 | 81 |
| | | | | 10－105 | 转账支票存根 | 81 |
| | | 63 | 预付差旅费 | 10－106 | 现金支票存根 | 81 |
| | | | | 10－107 | 借款单 | 81 |
| | | 64 | 购买办公用品 | 10－108 | 增值税普通发票 | 82 |

续前表

| 项目序号 | 项目资料序号 | 业务序号 | 业务摘要 | 原始单据 | | |
| --- | --- | --- | --- | --- | --- | --- |
| | | | | 序号 | 名称 | 页码 |
| 综合实训 | — | 65 | 报销招待费 | 10－109 | 增值税普通发票 | 82 |
| | | 66 | 报销差旅费 | 10－110 | 差旅费报销单 | 83 |
| | | 67 | 转校无法归还的货款 | 10－111 | 申请 | 83 |
| | | 68 | 销售产品 | 10－112 | 增值税专用发票 | 84 |
| | | | | 10－113 | 出库单 | 84 |
| | | 69 | 收回货款 | 10－114 | 银行进账单（收账通知） | 85 |
| | | 70 | 支付电话费 | 10－115 | 转账支票存根 | 85 |
| | | | | 10－116 | 增值税专用发票 | 86 |
| | | 71 | 支付水费 | 10－117 | 增值税专用发票 | 86 |
| | | | | 10－118 | 转账支票存根 | 87 |
| | | | | 10－119 | 水费分配表 | 87 |
| | | 72 | 支付电费 | 10－120 | 电费分配表 | 87 |
| | | 73 | 报销加油费 | 10－121 | 增值税专用发票 | 87 |
| | | 74 | 暂估入账 | — | — | — |
| | | 75 | 材料清查 | 10－122 | 财产盘点报告单 | 88 |
| | | | | 10－123 | 关于盘盈、盘亏财产的处理意见 | 88 |
| | | 76 | 现金清查 | 10－124 | 库存现金盘点表 | 88 |
| | | | | 10－125 | 关于现金盘盈的处理意见 | 89 |
| | | 77 | 盘亏固定资产 | 10－126 | 固定资产盘点表 | 89 |
| | | | | 10－127 | 关于资产盘亏的处理意见 | 89 |
| | | 78 | 分配工资费用 | 10－128 | 工资费用分配表 | 90 |
| | | 79 | 计提职工福利费 | 10－129 | 职工福利分配表 | 90 |
| | | 80 | 计提工会经费 | 10－130 | 工会经费分配表 | 90 |
| | | 81 | 计提折旧 | 10－131 | 折旧费计提表 | 91 |
| | | 82 | 计提借款利息 | 10－132 | 借款利息计算表 | 91 |
| | | 83 | 分配制造费用 | 10－133 | 制造费用汇总表 | 91 |
| | | | | 10－134 | 制造费用分配表 | 92 |
| | | 84 | 产品完工入库 | 10－135 | 产品成本计算表 | 92 |
| | | | | 10－136 | 产成品入库单 | 92 |
| | | 85 | 结转销售成本 | 10－137 | 产品销售成本汇总计算表 | 92 |

续前表

| 项目序号 | 项目资料序号 | 业务序号 | 业务摘要 | 原始单据 | | |
|---|---|---|---|---|---|---|
| | | | | 序号 | 名称 | 页码 |
| 综合实训 | — | 86 | 计算附加税 | 10－138 | 城市维护建设税及教育费附加计算表 | 93 |
| | | 87 | 结转本期损益 | 10－139 | 12 月损益类账户资料表 | 93 |
| | | 88 | 结转所得税费用 | 10－140 | 12 月所得税计算表 | 93 |
| | | | | 10－141 | 所得税结转单 | 93 |
| | | 89 | 接住那净利润 | 10－142 | 本年利润结转计算表 | 94 |
| | | 90 | 提取法定盈余公积 | 10－143 | 盈余公积计算表 | 94 |
| | | 91 | 股利分配 | 10－144 | 关于分配现金股利的公告 | 94 |
| | | 92 | 结转利润分配 | 10－145 | 利润分配各明细账户结转单 | 94 |

**单据 6－1**

中国工商银行
现金支票存根
30909322
12546743

附加信息

出票日期 2020年01月05日

收款人：宏利公司

金　额：¥2 000.00

用　途：备用金

单位主管 张地　会计 赵明

上海金达证券印制有限公司·2012年印制

**单据 6－2**

## 借 款 单

2020 年 01 月 06 日

| | | | | | |
|---|---|---|---|---|---|
| 借款部门 | 业务科 | 姓名 | 赵宏 | 事由 | 去哈尔滨开会 |
| 借款金额（大写） | 零万 贰仟 零佰 零拾 零元 零角 零分　¥ 2,000.00 | | | | |

| | | | | | | | |
|---|---|---|---|---|---|---|---|
| 领导审批 | 张地 | 财务审批 | 宋小力 | 部门审批 | 张莉 | 出纳付款 | 周宇 |
| 借款人 | | 赵宏 | | 备注 | | | |

**单据 6－3**

1100164101　　**黑龙江增值税普通发票**　　№ 00160126　1100164101 00160126

发 票 联

校验码 11040 11400 11401 10141　　开票日期：2020年01月06日

| | | | |
|---|---|---|---|
| 购买方 | 名　　称：宏利公司<br>纳税人识别号：320800104220038116<br>地 址、电 话：佳木斯市郊区通江路10号 0454-8655766<br>开户行及账号：中国工商银行佳木斯市东风支行 090423092461835335 | 密码区 | 03/50/*36677-*8*42<-087*6591<br>*><360892/+54151*7>5/27/-880<br>36<6985**44581O**-+4<-/6+/7+<br>1><8793*6501794+19>51795*+<* |

| 货物或应税劳务、服务名称 | 规格型号 | 单位 | 数量 | 单价 | 金额 | 税率 | 税额 |
|---|---|---|---|---|---|---|---|
| *文具*文件夹 | | 个 | 20 | 10.00 | 200.00 | 13% | 26.00 |
| *纸及纸制品*笔记本 | | 本 | 20 | 20.00 | 400.00 | 13% | 52.00 |
| 合　计 | | | | | ¥600.00 | | ¥78.00 |
| 价税合计（大写） | ⊗陆佰柒拾捌元整 | | | | （小写）¥678.00 | | |

| | | | |
|---|---|---|---|
| 销售方 | 名　　称：佳木斯市文化用品商店<br>纳税人识别号：258291040021411238<br>地 址、电 话：佳木斯市中山路22号 0454-8677669<br>开户行及账号：中国建设银行佳木斯市向阳支行 030402230924618O869 | 备注 | 佳木斯市文化用品商店 258291040021411238 发票专用章 |

收款人：　　复核：　　开票人：杨抻　　销售方：（章）

第二联：发票联　购买方记账凭证

单据 6－4

1100164102　**黑龙江增值税专用发票**　№ 00180341

1100164102
00180341

发票联

校验码 12791 33012 97124 71235　　开票日期：2020年01月07日

| | | | | | | | |
|---|---|---|---|---|---|---|---|
| 购买方 | 名　　称：宏利公司<br>纳税人识别号：320800104220038116<br>地址、电话：台州市郊区通江路10号 0454-8655766<br>开户行及账号：中国工商银行台州市东风支行 090423092461835335 | | | | 密码区 | 03/50/*36677-*8*42<-087*6591<br>*><360892/+54151*7>5/27/-880<br>36<6985**445810**-+4<-/6+/7+<br>1><8793*6501794+19>51795*+<* | |
| 货物或应税劳务、服务名称 | 规格型号 | 单位 | 数量 | 单价 | 金额 | 税率 | 税额 |
| *黑色金属*冶炼压延品*圆钢 | φ14mm | 吨 | 2 | 5000.00 | 10000.00 | 13% | 1300.00 |
| 合　　计 | | | | | ¥10000.00 | | ¥1300.00 |
| 价税合计（大写） | ⊗壹万壹仟叁佰元整 | | | | （小写）¥11300.00 | | |
| 销售方 | 名　　称：天华机械公司<br>纳税人识别号：256219040021311227<br>地址、电话：佳木斯市向阳区保卫路66号 0454-8654777<br>开户行及账号：中国建设银行佳木斯市向阳支行 090402230905342481 8 | | | | 备注 | | |

收款人：　　复核：　　开票人：杨大力　　销售方：（章）

（印章：天华机械公司 256219040021311227 发票专用章）

第三联：发票联 购买方记账凭证

税总函〔2015〕562号海南华森实业公司

单据 6－5

## 收料单

供货单位：运通机械公司　　　　编号：0005

发票编号：00180341　　2020 年 01 月 07 日　　仓库：1号

| 材料类别 | 材料编号 | 材料名称 | 规格 | 计量单位 | 数量 | | 金额 | | |
|---|---|---|---|---|---|---|---|---|---|
| | | | | | 应收 | 实收 | 单价 | 买价 | 合计 |
| 主要材料 | 0111 | 圆钢 | Φ14mm | 吨 | 2 | 2 | 5000.00 | 10000.00 | 10000.00 |
| | | | | | | | | | |
| | | | | | | | | | |
| | | | | | | | | | |
| | | | | | | | | | |

会计联

会计主管　　会计　　审核　　记账　　收料 赵大志

**单据 6－6**

# 差旅费报销单

报销部门：总经理办公室　　　　2020 年　01 月　15 日

| 姓名 | | 吴昊 | 职务 | 业务科员 | | 出差事由 | | 开会 | | |
|---|---|---|---|---|---|---|---|---|---|---|
| 出差起止日期自2020年　01月　08日起至2020年　01月　12日共　5天　附单据　3张 | | | | | | | | | | |
| 日期 | | 起讫地点 | 差旅补助 | | | 交通费 | 住宿费 | 会务费 | 其他 | 小计 |
| 月 | 日 | | 天数 | 标准 | 金额 | | | | | |
| 01 | 08 | 佳市-哈市 | 1 | 180.00 | 180.00 | 30.00 | | | | 210.00 |
| 01 | 12 | 哈市-佳市 | 4 | 180.00 | 720.00 | 120.00 | 400.00 | 800.00 | | 2040.00 |
| | | | | | | | | | | |
| | | 合计 | | | 900.00 | 150.00 | 400.00 | 800.00 | | 2250.00 |
| 合计人民币(大写)贰仟贰佰伍拾元整 | | | | | | | | | | |
| 预领金额：2000　元 | | | | 交(退)回金额　　元　应补付金额　250.00 元 | | | | | | |

单位负责人：张地　　　会计主管：　　　部门主管：　　　报销人：赵宏

**单据 6－7**

# 借 款 单

年　月　日

| 借款部门 | | 姓名 | | 事由 | |
|---|---|---|---|---|---|
| 借款金额（大写） | 万　仟　佰　拾　元　角　分　￥ | | | | |
| 领导审批 | | 财务审批 | | 部门审批 | | 出纳付款 | |
| 借款人 | | 备注 | | | |

**单据 6－8**

中国工商银行
现金支票存根
30909320
20617230

附加信息

出票日期　年　月　日

| | |
|---|---|
| 收款人: | |
| 金　额: | |
| 用　途: | |

单位主管　会计

上海金达证券印制有限公司·2012年印制

中国工商银行　现金支票

30909320
20617230

出票日期（大写）　年　月　日　付款行名称:

收款人:　出票人账号:

付款期限自出票之日起十天

| 人民币（大写） | 亿 | 千 | 百 | 十 | 万 | 千 | 百 | 十 | 元 | 角 | 分 |
|---|---|---|---|---|---|---|---|---|---|---|---|
| | | | | | | | | | | | |

用途　密码

上列款项请从　行号

我账户内支付

出票人签章　复核　记账

**单据 6－9**

中国工商银行
转账支票存根
30909320
20883001

附加信息

出票日期　年　月　日

| | |
|---|---|
| 收款人: | |
| 金　额: | |
| 用　途: | |

单位主管　会计

上海金达证券印制有限公司·2012年印制

中国工商银行　转账支票

30909320
20883001

出票日期（大写）　年　月　日　付款行名称:

收款人:　出票人账号:

付款期限自出票之日起十天

| 人民币（大写） | 亿 | 千 | 百 | 十 | 万 | 千 | 百 | 十 | 元 | 角 | 分 |
|---|---|---|---|---|---|---|---|---|---|---|---|
| | | | | | | | | | | | |

用途　密码

上列款项请从　行号

我账户内支付

出票人签章　复核　记账

上海金达证券印制有限公司·2012年印制

| 附加信息: | 收款人签章<br>年 月 日 |
|---|---|
| | 身份证件名称: 发证机关: |
| | 号码 |

（贴粘单处）

根据《中华人民共和国票据法》等法律法规的规定，签发空头支票由中国人民银行处以票面金额5%但不低于1000元的罚款。



上海金达证券印制有限公司·2012年印制

| 附加信息: | 被背书人 | 被背书人 |
|---|---|---|
| | 背书人签章<br>年 月 日 | 背书人签章<br>年 月 日 |

（贴粘单处）

根据《中华人民共和国票据法》等法律法规的规定，签发空头支票由中国人民银行处以票面金额5%但不低于1000元的罚款。

单据 6－10－1

## 中国工商银行信汇凭证（回单）

1

委托日期　　年　月　日

| | | | | | |
|---|---|---|---|---|---|
| 汇款人 | 全称 | | 收款人 | 全称 | |
| | 账号 | | | 账号 | |
| | 汇出地点 | 省　　市/县 | | 汇入地点 | 省　　市/县 |
| 汇出行名称 | | | 汇入行名称 | | |
| 金额 | 人民币（大写） | | | | 亿 千 百 十 万 千 百 十 元 角 分 |
| | | | 支付密码 | | |
| | | | 附加信息及用途: | | |
| 汇出行签章 | | | | | |

此联汇出行给汇款人的回单

单据 6－10－2

## 中国工商银行信汇凭证（借方凭证）

2

委托日期　　年　月　日

| | | | | | |
|---|---|---|---|---|---|
| 汇款人 | 全称 | | 收款人 | 全称 | |
| | 账号 | | | 账号 | |
| | 汇出地点 | 省　　市/县 | | 汇入地点 | 省　　市/县 |
| 汇出行名称 | | | 汇入行名称 | | |
| 金额 | 人民币（大写） | | | | 亿 千 百 十 万 千 百 十 元 角 分 |
| | | | 支付密码 | | |
| 此汇款支付给收款人 | | | 附加信息及用途: | | |
| 汇款人签章 | | | 复核: | 记账: | |

此联汇出行作借方凭证

单据 6－10－3

## 中国工商银行信汇凭证（贷方凭证） 3

委托日期　　年　月　日

| | | | | | |
|---|---|---|---|---|---|
| 汇款人 | 全　称 | | 收款人 | 全　称 | |
| | 账　号 | | | 账　号 | |
| | 汇出地点 | 省　　市/县 | | 汇入地点 | 省　　市/县 |
| 汇出行名称 | | | 汇入行名称 | | |

| 金额 | 人民币（大写） | 亿 | 千 | 百 | 十 | 万 | 千 | 百 | 十 | 元 | 角 | 分 |
|---|---|---|---|---|---|---|---|---|---|---|---|---|
| | | | | | | | | | | | | |

| | |
|---|---|
| | 支付密码 |
| | 附加信息及用途：<br>复核：　　记账： |

此联汇入行作贷方凭证



单据 6－10－4

## 中国工商银行信汇凭证（收账通知） 4

委托日期　　年　月　日

| | | | | | |
|---|---|---|---|---|---|
| 汇款人 | 全　称 | | 收款人 | 全　称 | |
| | 账　号 | | | 账　号 | |
| | 汇出地点 | 省　　市/县 | | 汇入地点 | 省　　市/县 |
| 汇出行名称 | | | 汇入行名称 | | |

| 金额 | 人民币（大写） | 亿 | 千 | 百 | 十 | 万 | 千 | 百 | 十 | 元 | 角 | 分 |
|---|---|---|---|---|---|---|---|---|---|---|---|---|
| | | | | | | | | | | | | |

| | |
|---|---|
| 款项已收入收款人账户<br>汇入行签章 | 支付密码<br>附加信息及用途：<br>复核：　　记账： |

此联给收款人的收账通知

单据 6－11－1

## 收料单

供货单位:　　　　　　　　　　　　　　　　　　　　编号:

发票编号:　　　　　　年　月　日　　　　　　　　　仓库:

| 材料类别 | 材料编号 | 材料名称 | 规格 | 计量单位 | 数量 | | 金额 | | |
|---|---|---|---|---|---|---|---|---|---|
| | | | | | 应收 | 实收 | 单价 | 买价 | 合计 |
| | | | | | | | | | |
| | | | | | | | | | |
| | | | | | | | | | |
| | | | | | | | | | |
| | | | | | | | | | |

仓库联

会计主管　　　会计　　　审核　　　记账　　　收料

单据 6－11－2

## 收料单

供货单位:　　　　　　　　　　　　　　　　　　　　编号:

发票编号:　　　　　　年　月　日　　　　　　　　　仓库:

| 材料类别 | 材料编号 | 材料名称 | 规格 | 计量单位 | 数量 | | 金额 | | |
|---|---|---|---|---|---|---|---|---|---|
| | | | | | 应收 | 实收 | 单价 | 买价 | 合计 |
| | | | | | | | | | |
| | | | | | | | | | |
| | | | | | | | | | |
| | | | | | | | | | |
| | | | | | | | | | |

存根联

会计主管　　　会计　　　审核　　　记账　　　收料

单据 6－11－3

## 收料单

供货单位:　　　　　　　　　　　　　　　　　　　　编号:

发票编号:　　　　　　　年　　月　　日　　　　　　仓库:

| 材料类别 | 材料编号 | 材料名称 | 规格 | 计量单位 | 数量 | | 金额 | | |
|---|---|---|---|---|---|---|---|---|---|
| | | | | | 应收 | 实收 | 单价 | 买价 | 合计 |
| | | | | | | | | | |
| | | | | | | | | | |
| | | | | | | | | | |
| | | | | | | | | | |
| | | | | | | | | | |

会计联

会计主管　　　　会计　　　　审核　　　　记账　　　　收料

单据 6－11－4

## 收料单

供货单位:　　　　　　　　　　　　　　　　　　　　编号:

发票编号:　　　　　　　年　　月　　日　　　　　　仓库:

| 材料类别 | 材料编号 | 材料名称 | 规格 | 计量单位 | 数量 | | 金额 | | |
|---|---|---|---|---|---|---|---|---|---|
| | | | | | 应收 | 实收 | 单价 | 买价 | 合计 |
| | | | | | | | | | |
| | | | | | | | | | |
| | | | | | | | | | |
| | | | | | | | | | |
| | | | | | | | | | |

业务联

会计主管　　　　会计　　　　审核　　　　记账　　　　收料

单据 6 - 12 - 1

# 领 料 单

领料部门：

用 途　　　　　　　　　　　　年　月　日　　　　　　　　第　　　　号

| 材料 | | | 单位 | 数量 | | 成本 | | | | | | | | | |
|---|---|---|---|---|---|---|---|---|---|---|---|---|---|---|---|
| 编号 | 名称 | 规格 | | 请领 | 实发 | 单价 | 总价 | | | | | | | | |
| | | | | | | | 百 | 十 | 万 | 千 | 百 | 十 | 元 | 角 | 分 |
| | | | | | | | | | | | | | | | |
| | | | | | | | | | | | | | | | |
| | | | | | | | | | | | | | | | |
| | | | | | | | | | | | | | | | |
| 合计 | | | | | | | | | | | | | | | |

业务联

部门经理：　　　　会计：　　　　仓库：　　　　经办人：

单据 6 - 12 - 2

# 领 料 单

领料部门：

用 途　　　　　　　　　　　　年　月　日　　　　　　　　第　　　　号

| 材料 | | | 单位 | 数量 | | 成本 | | | | | | | | | |
|---|---|---|---|---|---|---|---|---|---|---|---|---|---|---|---|
| 编号 | 名称 | 规格 | | 请领 | 实发 | 单价 | 总价 | | | | | | | | |
| | | | | | | | 百 | 十 | 万 | 千 | 百 | 十 | 元 | 角 | 分 |
| | | | | | | | | | | | | | | | |
| | | | | | | | | | | | | | | | |
| | | | | | | | | | | | | | | | |
| | | | | | | | | | | | | | | | |
| 合计 | | | | | | | | | | | | | | | |

会计联

部门经理：　　　　会计：　　　　仓库：　　　　经办人：

单据 6 - 12 - 3

# 领 料 单

领料部门：

用 途　　　　　　　　　　　　年　月　日　　　　　　　　第　　　　号

| 材料 | | | 单位 | 数量 | | 成本 | | | | | | | | | |
|---|---|---|---|---|---|---|---|---|---|---|---|---|---|---|---|
| 编号 | 名称 | 规格 | | 请领 | 实发 | 单价 | 总价 | | | | | | | | |
| | | | | | | | 百 | 十 | 万 | 千 | 百 | 十 | 元 | 角 | 分 |
| | | | | | | | | | | | | | | | |
| | | | | | | | | | | | | | | | |
| | | | | | | | | | | | | | | | |
| | | | | | | | | | | | | | | | |
| 合计 | | | | | | | | | | | | | | | |

仓库联

部门经理：　　　　会计：　　　　仓库：　　　　经办人：

**单据 6－12－4**

## 领 料 单

领料部门：

用 途　　　　　　　　　　　　年　月　日　　　　　　　　　第　　　　号

| 材料 | | | 单位 | 数量 | | 成本 | | | | | | | | | |
|---|---|---|---|---|---|---|---|---|---|---|---|---|---|---|---|
| | | | | | | 单价 | 总价 | | | | | | | | |
| 编号 | 名称 | 规格 | | 请领 | 实发 | | 百 | 十 | 万 | 千 | 百 | 十 | 元 | 角 | 分 |
| | | | | | | | | | | | | | | | |
| | | | | | | | | | | | | | | | |
| | | | | | | | | | | | | | | | |
| | | | | | | | | | | | | | | | |
| 合计 | | | | | | | | | | | | | | | |

存根联

部门经理：　　　　　　会计：　　　　　　仓库：　　　　　　经办人：

**单据 6－13－1**

ICBC 中国工商银行　　　　　　　　　　　　现金存款凭条

年　　月　　日

| 存款人 | 全称 | | | |
|---|---|---|---|---|
| | 账号 | | 款项来源 | |
| | 开户行 | | 交款人 | |

| 金额（大写） | 千 | 百 | 十 | 万 | 千 | 百 | 十 | 元 | 角 | 分 |
|---|---|---|---|---|---|---|---|---|---|---|
| | | | | | | | | | | |

| 票面 | 张数 | 十 | 万 | 千 | 百 | 十 | 元 | 角 | 分 | 票面 | 张数 | 千 | 百 | 十 | 元 | 角 | 分 | 备注 |
|---|---|---|---|---|---|---|---|---|---|---|---|---|---|---|---|---|---|---|
| 壹佰元 | | | | | | | | | | 伍角 | | | | | | | | |
| 伍拾元 | | | | | | | | | | 贰角 | | | | | | | | |
| 贰拾元 | | | | | | | | | | 壹角 | | | | | | | | |
| 拾元 | | | | | | | | | | 伍分 | | | | | | | | |
| 伍元 | | | | | | | | | | 贰分 | | | | | | | | |
| 贰元 | | | | | | | | | | 壹分 | | | | | | | | |
| 壹元 | | | | | | | | | | 其他 | | | | | | | | |

第一联 银行核对联

190mm×100mm GH 082398

**单据 6－13－2**

ICBC 中国工商银行　　　　　　　　　　　　现金存款凭条

年　　月　　日

| 存款人 | 全称 | | | |
|---|---|---|---|---|
| | 账号 | | 款项来源 | |
| | 开户行 | | 交款人 | |

| 金额（大写） | 千 | 百 | 十 | 万 | 千 | 百 | 十 | 元 | 角 | 分 |
|---|---|---|---|---|---|---|---|---|---|---|
| | | | | | | | | | | |

| 票面 | 张数 | 十 | 万 | 千 | 百 | 十 | 元 | 角 | 分 | 票面 | 张数 | 千 | 百 | 十 | 元 | 角 | 分 | 备注 |
|---|---|---|---|---|---|---|---|---|---|---|---|---|---|---|---|---|---|---|
| 壹佰元 | | | | | | | | | | 伍角 | | | | | | | | |
| 伍拾元 | | | | | | | | | | 贰角 | | | | | | | | |
| 贰拾元 | | | | | | | | | | 壹角 | | | | | | | | |
| 拾元 | | | | | | | | | | 伍分 | | | | | | | | |
| 伍元 | | | | | | | | | | 贰分 | | | | | | | | |
| 贰元 | | | | | | | | | | 壹分 | | | | | | | | |
| 壹元 | | | | | | | | | | 其他 | | | | | | | | |

第二联 客户核对联

190mm×100mm

注：此联不作为入账依据

单据 6－14－1

黑龙江增值税专用发票　　No

此联不作报销、扣税凭证使用　　开票日期：

校验码

税总函［2018］562号海南华森实业公司

| | | | | | | | |
|---|---|---|---|---|---|---|---|
| 购买方 | 名称：<br>纳税人识别号：<br>地址、电话：<br>开户行及账号： | | | 密码区 | | | |
| 货物或应税劳务、服务名称 | 规格型号 | 单位 | 数量 | 单价 | 金额 | 税率 | 税额 |
| 合计 | | | | | | | |
| 价税合计（大写） | ⊗ | | | | （小写） | | |
| 销售方 | 名称：<br>纳税人识别号：<br>地址、电话：<br>开户行及账号： | | | 备注 | | | |

收款人：　　复核：　　开票人：　　销售方：（章）

第一联：记账联　销售方记账凭证

单据 6－14－2

黑龙江增值税专用发票　　No

抵扣联　　开票日期：

校验码

税总函［2018］982号海南华森实业公司

| | | | | | | | |
|---|---|---|---|---|---|---|---|
| 购买方 | 名称：<br>纳税人识别号：<br>地址、电话：<br>开户行及账号： | | | 密码区 | | | |
| 货物或应税劳务、服务名称 | 规格型号 | 单位 | 数量 | 单价 | 金额 | 税率 | 税额 |
| 合计 | | | | | | | |
| 价税合计（大写） | ⊗ | | | | （小写） | | |
| 销售方 | 名称：<br>纳税人识别号：<br>地址、电话：<br>开户行及账号： | | | 备注 | | | |

收款人：　　复核：　　开票人：　　销售方：（章）

第二联：抵扣联　购买方扣税凭证

单据 6－14－3

黑龙江增值税专用发票　　No

发票联　　开票日期：

校验码

税总函［2018］982号海南华森实业公司

| | | | | | | | |
|---|---|---|---|---|---|---|---|
| 购买方 | 名称：<br>纳税人识别号：<br>地址、电话：<br>开户行及账号： | | | 密码区 | | | |
| 货物或应税劳务、服务名称 | 规格型号 | 单位 | 数量 | 单价 | 金额 | 税率 | 税额 |
| 合计 | | | | | | | |
| 价税合计（大写） | ⊗ | | | | （小写） | | |
| 销售方 | 名称：<br>纳税人识别号：<br>地址、电话：<br>开户行及账号： | | | 备注 | | | |

收款人：　　复核：　　开票人：　　销售方：（章）

第三联：发票联　购买方记账凭证

单据 6－15－1

## 托收凭证　（受理回单）　1

委托日期　　年　月　日

| | | | | | | | | | |
|---|---|---|---|---|---|---|---|---|---|
| 业务类型 | 委托收款（□邮划、□电划）　托收承付（□邮划、□电划） | | | | | | | | |
| 付款人 | 全称 | | | 收款人 | 全称 | | | | |
| | 账号 | | | | 账号 | | | | |
| | 地址 | 省　市县 | 开户行 | | 地址 | 省　市县 | 开户行 | | |
| 金额 | 人民币（大写） | | | | | 亿 千 百 十 万 千 百 十 元 角 分 | | | |
| 款项内容 | | 托收凭据名称 | | 附寄单证张数 | | | | | |
| 商品发运情况 | | | 合同名称号码 | | | | | | |
| 备注：<br><br>复核　　记帐 | | 款项收妥日期<br><br>年　月　日 | | 收款人开户银行签章<br><br>年　月　日 | | | | | |

此联作收款人开户银行给收款人的受理回单

单据 6－15－2

## 托收凭证　（贷方凭证）　2

委托日期　　年　月　日

| | | | | | | | | | |
|---|---|---|---|---|---|---|---|---|---|
| 业务类型 | 委托收款（□邮划、□电划）　托收承付（□邮划、□电划） | | | | | | | | |
| 付款人 | 全称 | | | 收款人 | 全称 | | | | |
| | 账号 | | | | 账号 | | | | |
| | 地址 | 省　市县 | 开户行 | | 地址 | 省　市县 | 开户行 | | |
| 金额 | 人民币（大写） | | | | | 亿 千 百 十 万 千 百 十 元 角 分 | | | |
| 款项内容 | | 托收凭据名称 | | 附寄单证张数 | | | | | |
| 商品发运情况 | | | 合同名称号码 | | | | | | |
| 备注：<br><br>收款人开户银行收到日期<br>年　月　日 | | 上列款项随附有关债务证明，请予办理。<br><br>收款人签章 | | 复核　　记帐 | | | | | |

此联收款人开户银行作贷方凭证

单据 6－15－3

## 托收凭证 （借方凭证） 3

委托日期　　年　月　日　　　付款期限　　年　月　日

| | | | | | | | | |
|---|---|---|---|---|---|---|---|---|
| 业务类型 | | 委托收款（□邮划、□电划） 托收承付（□邮划、□电划） | | | | | | |
| 付款人 | 全称 | | | 收款人 | 全称 | | | |
| | 账号 | | | | 账号 | | | |
| | 地址 | 省　市县 | 开户行 | | 地址 | 省　市县 | 开户行 | |
| 金额 | 人民币（大写） | | | | | 亿 千 百 十 万 千 百 十 元 角 分 | | |
| 款项内容 | | | 托收凭据名称 | | | 附寄单证张数 | | |
| 商品发运情况 | | | | 合同名称号码 | | | | |
| 备注：<br>付款人开户银行收到日期<br>年　月　日 | | 收款人开户银行签章<br>年　月　日 | | | | 复核　记帐 | | |

此联付款人开户银行作借方凭证

单据 6－15－4

## 托收凭证 （汇款依据或收账通知） 4

委托日期　　年　月　日　　　付款期限　　年　月　日

| | | | | | | | | |
|---|---|---|---|---|---|---|---|---|
| 业务类型 | | 委托收款（□邮划、□电划） 托收承付（□邮划、□电划） | | | | | | |
| 付款人 | 全称 | | | 收款人 | 全称 | | | |
| | 账号 | | | | 账号 | | | |
| | 地址 | 省　市县 | 开户行 | | 地址 | 省　市县 | 开户行 | |
| 金额 | 人民币（大写） | | | | | 亿 千 百 十 万 千 百 十 元 角 分 | | |
| 款项内容 | | | 托收凭据名称 | | | 附寄单证张数 | | |
| 商品发运情况 | | | | 合同名称号码 | | | | |
| 备注：<br>复核　记帐 | | 上列款项已划回收入你方帐户内<br>收款人开户银行签章<br>年　月　日 | | | | | | |

此联付款人开户银行凭以汇款或收款人开户银行作收账通知

单据 6－15－5

# 托收凭证 （付款通知） 5

委托日期　年　月　日　　付款期限　年　月　日

| | | | | | | | | |
|---|---|---|---|---|---|---|---|---|
| 业务类型 | 委托收款（□邮划、□电划）　托收承付（□邮划、□电划） | | | | | | | |
| 付款人 | 全称 | | | 收款人 | 全称 | | | |
| | 账号 | | | | 账号 | | | |
| | 地址 | 省　市县 | 开户行 | | 地址 | 省　市县 | 开户行 | |
| 金额 | 人民币（大写） | | | | | 亿千百十万千百十元角分 | | |
| 款项内容 | | 托收凭据名称 | | | 附寄单证张数 | | | |
| 商品发运情况 | | | | 合同名称号码 | | | | |
| 备注：<br>付款人开户银行收到日期<br>年　月　日<br>复核　记帐 | | 付款人开户银行签章<br>年　月　日 | | 付款人注意：1.根据支付人结算办法，上列委托收款（托收承付）款项在付款期限内未提出拒付，即视为同意付款，以此代付款通知。2.如需提出全部或部分拒付，应在规定期限内，将拒付理由书并附债务证明退交开户银行。 | | | | |

此联付款人开户银行给付款人按期付款通知

单据 6－16

# 收 款 凭 证

收字第 3 号

借方科目：银行存款　　2020 年 07 月 05 日

| 摘要 | 对方科目 总账科目 | 明细科目 | 借或贷 | 金额 千百十万千百十元角分 | √ |
|---|---|---|---|---|---|
| 将现金存入银行 | 库存现金 | | | 150000 | □ |
| | | | | | □ |
| | | | | | □ |
| | | | | | □ |
| | | | | | □ |
| | | | | | □ |
| 合计 | | | | ¥150000 | □ |

附单据 1 张

会计主管：　记账：　出纳：　复核：　制单：张晓红

单据 6－17

# 收　款　凭　证

收字第 4 号

借方科目：银行存款　　　2020 年 07 月 13 日

| 摘要 | 对方科目：总账科目 | 对方科目：明细科目 | 借或贷 | 千 | 百 | 十 | 万 | 千 | 百 | 十 | 元 | 角 | 分 | √ |
|---|---|---|---|---|---|---|---|---|---|---|---|---|---|---|
| 将现金存入银行 | 库存现金 | | | | | | 1 | 5 | 0 | 0 | 0 | 0 | 0 | □ |
| | | | | | | | | | | | | | | □ |
| | | | | | | | | | | | | | | □ |
| | | | | | | | | | | | | | | □ |
| | | | | | | | | | | | | | | □ |
| | | | | | | | | | | | | | | □ |
| 合　　计 | | | | | | ¥ | 1 | 5 | 0 | 0 | 0 | 0 | 0 | □ |

附单据 1 张

会计主管：　记账：　出纳：　复核：　制单：张晓红

单据 6－18

# 付　款　凭　证

付字第 5 号

贷方科目：银行存款　　　2020 年 07 月 19 日

| 摘要 | 对方科目：总账科目 | 对方科目：明细科目 | 借或贷 | 千 | 百 | 十 | 万 | 千 | 百 | 十 | 元 | 角 | 分 | √ |
|---|---|---|---|---|---|---|---|---|---|---|---|---|---|---|
| 用存款偿还长期借款 | 长期借款 | | | | | 8 | 0 | 0 | 0 | 0 | 0 | 0 | 0 | □ |
| | | | | | | | | | | | | | | □ |
| | | | | | | | | | | | | | | □ |
| | | | | | | | | | | | | | | □ |
| | | | | | | | | | | | | | | □ |
| | | | | | | | | | | | | | | □ |
| 合　　计 | | | | | ¥ | 8 | 0 | 0 | 0 | 0 | 0 | 0 | 0 | □ |

附单据 1 张

会计主管：　记账：　出纳：　复核：　制单：张晓红

单据 6－19

# 付　款　凭　证

付字第 6 号

贷方科目：库存现金　　　2020 年 07 月 20 日

| 摘要 | 对方科目：总账科目 | 对方科目：明细科目 | 借或贷 | 千 | 百 | 十 | 万 | 千 | 百 | 十 | 元 | 角 | 分 | √ |
|---|---|---|---|---|---|---|---|---|---|---|---|---|---|---|
| 用现金预付差旅费 | 销售费用 | 王立艳 | | | | | | 2 | 0 | 0 | 0 | 0 | 0 | □ |
| | | | | | | | | | | | | | | □ |
| | | | | | | | | | | | | | | □ |
| | | | | | | | | | | | | | | □ |
| | | | | | | | | | | | | | | □ |
| | | | | | | | | | | | | | | □ |
| 合　　计 | | | | | | | ¥ | 2 | 0 | 0 | 0 | 0 | 0 | □ |

附单据 1 张

会计主管：　记账：　出纳：　复核：　制单：张晓红

单据 6－20

## 付 款 凭 证

付字第 7 号

贷方科目：库存现金　　2020 年07 月27 日

| 摘 要 | 对方科目：总账科目 | 对方科目：明细科目 | 借或贷 | 金额（千百十万千百十元角分） | √ |
|---|---|---|---|---|---|
| 用现金支付差旅费 | 其他应收款 | 杜威 | | 230000 | |
| | | | | | |
| | | | | | |
| | | | | | |
| | | | | | |
| | | | | | |
| 合 计 | | | | ¥230000 | |

附单据 1 张

会计主管：　记账：　出纳：　复核：　制单：张晓红

单据 6－21

## 付 款 凭 证

付字第 8 号

贷方科目：银行存款　　2020 年07 月28 日

| 摘 要 | 对方科目：总账科目 | 对方科目：明细科目 | 借或贷 | 金额（千百十万千百十元角分） | √ |
|---|---|---|---|---|---|
| 用存款购买办公用品 | 管理费用 | 办公费 | | 30000 | |
| | | | | | |
| | | | | | |
| | | | | | |
| | | | | | |
| | | | | | |
| 合 计 | | | | ¥30000 | |

附单据 2 张

会计主管：　记账：　出纳：　复核：　制单：张晓红

单据 6－22

## 付 款 凭 证

付字第 9 号

贷方科目：应付票据　　2020 年07 月29 日

| 摘 要 | 对方科目：总账科目 | 对方科目：明细科目 | 借或贷 | 金额（千百十万千百十元角分） | √ |
|---|---|---|---|---|---|
| 用商业汇票购买甲产品 | 原材料 | 棉料 | | 3000000 | |
| | 应交税费 | 应交增值税 | | 390000 | |
| | | | | | |
| | | | | | |
| | | | | | |
| | | | | | |
| 合 计 | | | | ¥3390000 | |

附单据 2 张

会计主管：　记账：　出纳：　复核：　制单：张晓红

单据 6－23

# 转 账 凭 证

转字第 32 号

2020 年07 月31 日

| 摘要 | 总账科目 | 明细科目 | 借方金额 | 贷方金额 | √ |
| --- | --- | --- | --- | --- | --- |
| 购销商品 | 应收账款 | 东胜公司 | 2000000 | | |
| | 主营业务收入 | | | 2000000 | |
| | 应交税费 | 应交增值税 | | 260000 | |
| | | | | | |
| | | | | | |
| | | | | | |
| 合计 | | | ¥2260000 | ¥2260000 | |

附单据 3 张

会计主管: 记账: 出纳: 复核: 制单:张晓红

单据 7－1

# 账簿启用及交接表

| 机构名称 | 大众公司 | 印鉴 |
| --- | --- | --- |
| 账簿名称 | 现金日记账 （第 册） | 大众公司 财务专用章 |
| 账簿编号 | | |
| 账簿页数 | 本账簿共计100 页（本账簿页数 检点人盖章 ） | |
| 启用日期 | 公元 2020 年 01 月 01 日 | |

| 经管人员 | 负责人 | | 主办会计 | | 复核 | | 记账 | |
| --- | --- | --- | --- | --- | --- | --- | --- | --- |
| | 姓名 | 盖章 | 姓名 | 盖章 | 姓名 | 盖章 | 姓名 | 盖章 |
| | | | 江涛 | 江涛 | | | | |

| 接交记录 | 经管人员 | | 接管 | | | | 交出 | | | |
| --- | --- | --- | --- | --- | --- | --- | --- | --- | --- | --- |
| | 职别 | 姓名 | 年 | 月 | 日 | 盖章 | 年 | 月 | 日 | 盖章 |
| | | 宋晓华 | 2020 | 03 | 20 | 宋晓华 | | | | |
| | | 赵娜 | | | | | 2020 | 03 | 20 | 赵娜 |
| | | | | | | | | | | |
| | | | | | | | | | | |

| 备注 | |
| --- | --- |

单据 7－2

## 账簿启用及交接表

| 机构名称 | 大众公司 | 印鉴 |
|---|---|---|
| 账簿名称 | 原材料明细账　　（第　　册） | 大众公司 财务专用章 |
| 账簿编号 | | |
| 账簿页数 | 本账簿共计100　页（本账簿页数检点人盖章　） | |
| 启用日期 | 公元 2020 年 01 月 01 日 | |

| 经管人员 | 负责人 | | 主办会计 | | 复核 | | 记账 | |
|---|---|---|---|---|---|---|---|---|
| | 姓名 | 盖章 | 姓名 | 盖章 | 姓名 | 盖章 | 姓名 | 盖章 |
| | | | | | | | | |

| 接交记录 | 经管人员 | | 接管 | | | | 交出 | | | |
|---|---|---|---|---|---|---|---|---|---|---|
| | 职别 | 姓名 | 年 | 月 | 日 | 盖章 | 年 | 月 | 日 | 盖章 |
| | | 赵娜 | 2020 | 03 | 20 | 赵娜 | | | | |
| | | 周东 | | | | | 2020 | 03 | 20 | 周东 |
| | | | | | | | | | | |
| | | | | | | | | | | |

| 备注 | |
|---|---|

单据 7－3

## 库存现金日记账

第____页

| 2020年 月 | 日 | 凭证 种类 | 号数 | 摘要 | 借方 | 贷方 | 余额 | 核对 |
|---|---|---|---|---|---|---|---|---|
| 03 | 02 | | | 期初余额 | | | 500000 | □ |
| 03 | 06 | | | 预付差旅费 | | 80000 | 420000 | □ |
| 03 | 06 | | | 报销差旅费 | | 1750 | 418250 | □ |
| 03 | 11 | | | 存现 | | 110000 | 308250 | □ |
| | | | | | | | | □ |

（借方、贷方、余额各栏均分亿千百十万千百十元角分）

单据 7－4

## 借 款 单

2020 年 03 月 02 日

| | | | | | |
|---|---|---|---|---|---|
| 借款部门 | 供应部 | 姓名 | 邹云峰 | 事由 | 差旅费 |
| 借款金额（大写） | 零万 零仟 捌佰 零拾 零元 零角 零分 | | ¥ 800.00 | | |
| 领导审批 | 张小海 | 财务审批 | 徐红 | 部门审批 | 丁佳佳 |
| 出纳付款 | 舒慧 | | | | |
| 借款人 | 邹云峰 | 备注 | | | |

单据 7－5

## 记 账 凭 证

记 字第001 号

2020 年03月02日

| 摘要 | 总账科目 | 明细科目 | 借方金额 亿 | 千 | 百 | 十 | 万 | 千 | 百 | 十 | 元 | 角 | 分 | 贷方金额 亿 | 千 | 百 | 十 | 万 | 千 | 百 | 十 | 元 | 角 | 分 | √ |
|---|---|---|---|---|---|---|---|---|---|---|---|---|---|---|---|---|---|---|---|---|---|---|---|---|---|
| 预付邹云峰差旅费 | 其他应收款 | 邹云峰 | | | | | | | 8 | 0 | 0 | 0 | 0 | | | | | | | | | | | | □ |
| 预付邹云峰差旅费 | 库存现金 | | | | | | | | | | | | | | | | | | | 8 | 0 | 0 | 0 | 0 | □ |
| | | | | | | | | | | | | | | | | | | | | | | | | | □ |
| | | | | | | | | | | | | | | | | | | | | | | | | | □ |
| | | | | | | | | | | | | | | | | | | | | | | | | | □ |
| | | | | | | | | | | | | | | | | | | | | | | | | | □ |
| 合 | | 计 | | | | | | ¥ | 8 | 0 | 0 | 0 | 0 | | | | | | ¥ | 8 | 0 | 0 | 0 | 0 | □ |

附单据 1 张

会计主管：　记账：　出纳：　复核：　制单：肖芳菲

单据 7－6

## 领 料 单

领料部门：生产车间

用 途 生产甲产品　　2020 年 03 月 04 日　　第 001 号

| 材料 编号 | 名称 | 规格 | 单位 | 数量 请领 | 实发 | 成本 单价 | 总价 百 | 十 | 万 | 千 | 百 | 十 | 元 | 角 | 分 |
|---|---|---|---|---|---|---|---|---|---|---|---|---|---|---|---|
| 001 | A材料 | ML | kg | 200 | 200 | 20.00 | | | | 4 | 0 | 0 | 0 | 0 | 0 |
| 002 | B材料 | NL | kg | 30 | 30 | 100.00 | | | | 3 | 0 | 0 | 0 | 0 | 0 |
| | | | | | | | | | | | | | | | |
| | | | | | | | | | | | | | | | |
| 合计 | | | | | | | | | ¥ | 7 | 0 | 0 | 0 | 0 | 0 |

会计联

部门经理：王国立　会计：　仓库：付阅　经办人：申玉霖

单据 7－7

## 记 账 凭 证

记 字第002 号

2020 年03月04日

| 摘　　要 | 总账科目 | 明细科目 | 借方金额 | 贷方金额 | √ |
|---|---|---|---|---|---|
| 甲产品领料 | 生产成本 | 甲产品 | 700000 | | ☐ |
| 甲产品领料 | 原材料 | A材料 | | 400000 | ☐ |
| 甲产品领料 | 原材料 | B材料 | | 300000 | ☐ |
| | | | | | ☐ |
| | | | | | ☐ |
| | | | | | ☐ |
| 合 | | 计 | ¥700000 | ¥700000 | ☐ |

附单据 1 张

会计主管:　记账:　出纳:　复核:　制单: 肖芳菲

单据 7－8

## 记 账 凭 证

记 字第003 号

2020 年03月05日

| 摘　　要 | 总账科目 | 明细科目 | 借方金额 | 贷方金额 | √ |
|---|---|---|---|---|---|
| 以存款付维修费 | 管理费用 | 维修费 | 138000 | | ☐ |
| 以存款付维修费 | 应交税费 | 应交增值税 | 17940 | | ☐ |
| 以存款付维修费 | 银行存款 | | | 155940 | ☐ |
| | | | | | ☐ |
| | | | | | ☐ |
| | | | | | ☐ |
| 合 | | 计 | ¥155940 | ¥155940 | ☐ |

附单据　张

会计主管:　记账:　出纳:　复核:　制单: 肖芳菲

单据 7－9

## 记 账 凭 证

字第004 号

2020 年03月05日

| 摘　　要 | 总账科目 | 明细科目 | 借方金额 | 贷方金额 | √ |
|---|---|---|---|---|---|
| 预付财险费 | 预付账款 | 保险佳西分公司 | 7200000 | | ☐ |
| 预付财险费 | 应交税费 | 应交增值税 | 432000 | | ☐ |
| 预付财险费 | 银行存款 | | | 7632000 | ☐ |
| | | | | | ☐ |
| | | | | | ☐ |
| | | | | | ☐ |
| 合 | | 计 | ¥7632000 | ¥7632000 | ☐ |

附单据 2 张

会计主管:　记账:　出纳:　复核:　制单: 肖芳菲

单据 7－10

## 记 账 凭 证

2020 年03月05日　　　　记 字第005 号

| 摘　　要 | 总账科目 | 明细科目 | 借方金额 | 贷方金额 | √ |
|---|---|---|---|---|---|
| 从工行借入短期借 | 银行存款 | | 10000000 | | □ |
| 款 | 短期借款 | 工行 | | 10000000 | □ |
| | | | | | □ |
| | | | | | □ |
| | | | | | □ |
| | | | | | □ |
| 合 | | 计 | ¥10000000 | ¥10000000 | □ |

附单据 1 张

会计主管：　　记账：　　出纳：　　复核：　　制单：肖芳菲

单据 7－11

## 记 账 凭 证

2020 年03月06日　　　　记 字第006 号

| 摘　　要 | 总账科目 | 明细科目 | 借方金额 | 贷方金额 | √ |
|---|---|---|---|---|---|
| 邹云峰报差旅费 | 管理费用 | 差旅费 | 75000 | | □ |
| 邹云峰报差旅费 | 应交税费 | 应交增值税 | 6750 | | □ |
| 邹云峰报差旅费 | 其他应收款 | 邹云峰 | | 80000 | □ |
| 邹云峰报差旅费 | 库存现金 | | | 1750 | □ |
| | | | | | □ |
| | | | | | □ |
| 合 | | 计 | ¥81750 | ¥81750 | □ |

附单据 3 张

会计主管：　　记账：　　出纳：　　复核：　　制单：肖芳菲

单据 7－12

## 领 料 单

领料部门：生产车间

用　途：生产乙产品　　　　2020 年 03 月 07 日　　　　第　　002 号

| 材料 | | | 单位 | 数量 | | 成本 | |
|---|---|---|---|---|---|---|---|
| 编号 | 名称 | 规格 | | 请领 | 实发 | 单价 | 总价 |
| 001 | A材料 | ML | kg | 40 | 40 | 20.00 | 80000 |
| 002 | B材料 | NL | kg | 30 | 30 | 100.00 | 300000 |
| | | | | | | | |
| | | | | | | | |
| 合计 | | | | | | | ¥380000 |

会计联

部门经理：王国立　　会计：　　仓库：付阅　　经办人：申玉霖

单据 7－13

## 记 账 凭 证

记 字第007 号

2020 年03月07日

| 摘 要 | 总账科目 | 明细科目 | 借方金额 | 贷方金额 | √ |
|---|---|---|---|---|---|
| 乙产品领料 | 生产成本 | 乙产品 | 380000 | | ☐ |
| 乙产品领料 | 原材料 | A材料 | | 80000 | ☐ |
| 乙产品领料 | 原材料 | B材料 | | 300000 | ☐ |
| | | | | | ☐ |
| | | | | | ☐ |
| | | | | | ☐ |
| 合 计 | | | ¥380000 | ¥380000 | ☐ |

附单据 1 张

会计主管: 记账： 出纳: 复核: 制单: 肖芳菲

单据 7－14

## 记 账 凭 证

记 字第008 号

2020 年03月07日

| 摘 要 | 总账科目 | 明细科目 | 借方金额 | 贷方金额 | √ |
|---|---|---|---|---|---|
| 收到投资款存入 | 银行存款 | | 10000000 | | ☐ |
| 银行 | 实收资本 | 华硕公司 | | 10000000 | ☐ |
| | | | | | ☐ |
| | | | | | ☐ |
| | | | | | ☐ |
| | | | | | ☐ |
| 合 计 | | | ¥10000000 | ¥10000000 | ☐ |

附单据 2 张

会计主管: 记账： 出纳: 复核: 制单: 肖芳菲

单据 7－15

## 领 料 单

领料部门： 生产车间

用 途 生产甲产品

2020 年 03 月 10 日 第 003 号

| 材料编号 | 材料名称 | 材料规格 | 单位 | 数量请领 | 数量实发 | 成本单价 | 成本总价 |
|---|---|---|---|---|---|---|---|
| 001 | A材料 | ML | kg | 150 | 150 | 20.00 | 300000 |
| 002 | B材料 | NL | kg | 30 | 30 | 100.00 | 300000 |
| | | | | | | | |
| | | | | | | | |
| 合计 | | | | | | | ¥600000 |

会计联

部门经理： 王国立 会计： 仓库： 付阅 经办人： 申玉霖

单据 7－16

## 记账凭证

记 字第009 号

2020 年03月10日

| 摘要 | 总账科目 | 明细科目 | 借方金额 | 贷方金额 | √ |
|---|---|---|---|---|---|
| 甲产品领料 | 生产成本 | 甲产品 | 600000 | | □ |
| 甲产品领料 | 原材料 | A材料 | | 300000 | □ |
| 甲产品领料 | 原材料 | B材料 | | 300000 | □ |
| | | | | | □ |
| | | | | | □ |
| | | | | | □ |
| 合 | | 计 | ¥600000 | ¥600000 | □ |

附单据 1 张

会计主管: 记账: 出纳: 复核: 制单: 肖芳菲

单据 7－17

## 记账凭证

记 字第10 号

2020 年03月11日

| 摘要 | 总账科目 | 明细科目 | 借方金额 | 贷方金额 | √ |
|---|---|---|---|---|---|
| 将现金存入银行 | 银行存款 | | 110000 | | □ |
| 将现金存入银行 | 库存现金 | | | 110000 | □ |
| | | | | | □ |
| | | | | | □ |
| | | | | | □ |
| | | | | | □ |
| 合 | | 计 | ¥110000 | ¥110000 | □ |

附单据 1 张

会计主管: 记账: 出纳: 复核: 制单: 肖芳菲

单据 7－18

## 收料单

供货单位: 光明建材厂　　　　编号: 0001

发票编号: 00180413　　2020 年 03 月 12 日　　仓库: 1仓库

| 材料类别 | 材料编号 | 材料名称 | 规格 | 计量单位 | 数量 | | 金额 | | |
|---|---|---|---|---|---|---|---|---|---|
| | | | | | 应收 | 实收 | 单价 | 买价 | 合计 |
| 主要材料 | 001 | A材料 | ML | kg | 150 | 150 | 20.00 | 3000.00 | 3000.00 |
| 主要材料 | 002 | B材料 | NL | kg | 20 | 20 | 100.00 | 2000.00 | 2000.00 |
| | | | | | | | | | |
| | | | | | | | | | |
| | | | | | | | | | |

会计联

会计主管　　会计　　审核　　记账　　收料 王国立

单据 7－19

## 记 账 凭 证

记 字第011 号

2020 年03月12日

| 摘要 | 总账科目 | 明细科目 | 借方金额 | 贷方金额 | √ |
|---|---|---|---|---|---|
| 赊购材料入库 | 原材料 | A材料 | 300000 | | |
| 赊购材料入库 | 原材料 | B材料 | 200000 | | |
| 赊购材料入库 | 应交税费 | 应交增值税 | 65000 | | |
| 赊购材料入库 | 应付账款 | 光明建材厂 | | 565000 | |
| | | | | | |
| | | | | | |
| 合 | | 计 | ¥565000 | ¥565000 | |

附单据 2 张

会计主管:　　记账:　　出纳:　　复核:　　制单: 肖芳菲

单据 7－20

## 记 账 凭 证

记 字第012 号

2020 年03月12日

| 摘要 | 总账科目 | 明细科目 | 借方金额 | 贷方金额 | √ |
|---|---|---|---|---|---|
| 收回应收货款 | 银行存款 | | 10000000 | | |
| 收回应收货款 | 应收账款 | 硕丰公司 | | 10000000 | |
| | | | | | |
| | | | | | |
| | | | | | |
| 合 | | 计 | ¥10000000 | ¥10000000 | |

附单据 1 张

会计主管:　　记账:　　出纳:　　复核:　　制单: 肖芳菲

单据 7－21

## 记 账 凭 证

记 字第013 号

2020 年03月15日

| 摘要 | 总账科目 | 明细科目 | 借方金额 | 贷方金额 | √ |
|---|---|---|---|---|---|
| 用支票购买办公 | 管理费用 | 办公费 | 200000 | | |
| 用品 | 应交税费 | 应交增值税 | 26000 | | |
| | 银行存款 | | | 226000 | |
| | | | | | |
| | | | | | |
| | | | | | |
| 合 | | 计 | ¥226000 | ¥226000 | |

附单据 1 张

会计主管:　　记账:　　出纳:　　复核:　　制单: 肖芳菲

单据 7－22

## 产成品入库单

交库单位：生产车间　　　　　　　　　　2020 年 03 月 16 日

| 产品名称 | 规格型号 | 单位 | 交付数量 | 检验结果 | | 实收数量 | 金额 |
|---|---|---|---|---|---|---|---|
| | | | | 合格 | 不合格 | | |
| 甲产品 | FV-05 | 件 | 100 | 合格 | | 100 | 100000 |
| | | | | | | | |
| | | | | | | | |
| | | | | | | | |

财务联

车间送库：王东旭　　　检验：穆红彬　　　仓库验收：侯静

单据 7－23

## 产品成本计算表

| 成本项目 | 总成本 | 单位成本 |
|---|---|---|
| 直接材料 | 60000 | 600 |
| 直接人工 | 30000 | 300 |
| 制造费用 | 10000 | 100 |
| 合 计 | 100000 | 1000 |

单据 7－24

## 记 账 凭 证

记 字第014 号

2020 年03月16日

| 摘 要 | 总账科目 | 明细科目 | 借方金额（亿千百十万千百十元角分） | 贷方金额（亿千百十万千百十元角分） | √ |
|---|---|---|---|---|---|
| 甲产品完工入库 | 库存商品 | 甲产品 | 10000000 | | □ |
| | 生产成本 | 甲产品 | | 10000000 | □ |
| | | | | | □ |
| | | | | | □ |
| | | | | | □ |
| | | | | | □ |
| 合 | | 计 | ¥10000000 | ¥10000000 | □ |

附单据 1 张

会计主管：　　记账：　　出纳：　　复核：　　制单：肖芳菲

单据 7－25

## 记 账 凭 证

记 字第015 号

2020 年03月18日

| 摘要 | 总账科目 | 明细科目 | 借方金额（亿千百十万千百十元角分） | 贷方金额（亿千百十万千百十元角分） | √ |
|---|---|---|---|---|---|
| 赊销售产品 | 应收账款 | 大华公司 | 56500000 | | |
| 赊销售产品 | 主营业务收入 | | | 50000000 | |
| | 应交税费 | 应交增值税 | | 6500000 | |
| | | | | | |
| | | | | | |
| | | | | | |
| 合 | | 计 | ¥56500000 | ¥56500000 | |

附单据 1 张

会计主管: 记账： 出纳: 复核: 制单: 肖芳菲

单据 7－26

## 财产盘点报告单

单位名称: 1号仓库 2020 年 03 月 19 日 单位: 元

| 财产名称 | 计量单位 | 实存 | 账存 | 单位成本 | 盘盈 | | 盘亏 | | 原因 |
|---|---|---|---|---|---|---|---|---|---|
| | | | | | 数量 | 金额 | 数量 | 金额 | |
| B材料 | kg | 228 | 230 | 100 | | | 2 | 200 | 待查 |
| 合计 | | | | | | | | ¥200.00 | |

仓库保管员: 王国立 盘点人: 王旭

单据 7－27

## 记 账 凭 证

记 字第16 号

2020 年03月19日

| 摘要 | 总账科目 | 明细科目 | 借方金额（亿千百十万千百十元角分） | 贷方金额（亿千百十万千百十元角分） | √ |
|---|---|---|---|---|---|
| B材料盘亏 | 待处理财产损溢 | | 22600 | | |
| B材料盘亏 | 原材料 | B材料 | | 20000 | |
| B材料盘亏 | 应交税费 | 应交增值税 | | 2600 | |
| | | | | | |
| | | | | | |
| | | | | | |
| 合 | | 计 | ¥22600 | ¥22600 | |

附单据 1 张

会计主管: 记账： 出纳: 复核: 制单: 肖芳菲

单据 7－28

## 记账凭证

记 字第17 号

2020 年03月21日

| 摘要 | 总账科目 | 明细科目 | 借方金额 | | | | | | | | | | | 贷方金额 | | | | | | | | | | | √ |
|---|---|---|---|---|---|---|---|---|---|---|---|---|---|---|---|---|---|---|---|---|---|---|---|---|---|
| | | | 亿 | 千 | 百 | 十 | 万 | 千 | 百 | 十 | 元 | 角 | 分 | 亿 | 千 | 百 | 十 | 万 | 千 | 百 | 十 | 元 | 角 | 分 | |
| 计提短期借款利息 | 财务费用 | 利息费 | | | | | | | 2 | 1 | 0 | 0 | 0 | | | | | | | | | | | | |
| 计提短期借款利息 | 应付利息 | | | | | | | | | | | | | | | | | | | 2 | 1 | 0 | 0 | 0 | |
| | | | | | | | | | | | | | | | | | | | | | | | | | |
| | | | | | | | | | | | | | | | | | | | | | | | | | |
| | | | | | | | | | | | | | | | | | | | | | | | | | |
| | | | | | | | | | | | | | | | | | | | | | | | | | |
| 合计 | | | | | | | | ¥ | 2 | 1 | 0 | 0 | 0 | | | | | | ¥ | 2 | 1 | 0 | 0 | 0 | |

附单据 1 张

会计主管: 记账: 出纳: 复核: 制单: 肖芳菲

单据 7－29

## 记账凭证

记 字第18 号

2020 年03月24日

| 摘要 | 总账科目 | 明细科目 | 借方金额 | | | | | | | | | | | 贷方金额 | | | | | | | | | | | √ |
|---|---|---|---|---|---|---|---|---|---|---|---|---|---|---|---|---|---|---|---|---|---|---|---|---|---|
| | | | 亿 | 千 | 百 | 十 | 万 | 千 | 百 | 十 | 元 | 角 | 分 | 亿 | 千 | 百 | 十 | 万 | 千 | 百 | 十 | 元 | 角 | 分 | |
| 收到赵莉的罚款 | 库存现金 | | | | | | | | 2 | 0 | 0 | 0 | 0 | | | | | | | | | | | | |
| 收到赵莉的罚款 | 营业外收入 | | | | | | | | | | | | | | | | | | | 2 | 0 | 0 | 0 | 0 | |
| | | | | | | | | | | | | | | | | | | | | | | | | | |
| | | | | | | | | | | | | | | | | | | | | | | | | | |
| | | | | | | | | | | | | | | | | | | | | | | | | | |
| | | | | | | | | | | | | | | | | | | | | | | | | | |
| 合计 | | | | | | | | ¥ | 2 | 0 | 0 | 0 | 0 | | | | | | ¥ | 2 | 0 | 0 | 0 | 0 | |

附单据 1 张

会计主管: 记账: 出纳: 复核: 制单: 肖芳菲

单据 7－30

## 记账凭证

记 字第19 号

2020 年03月25日

| 摘要 | 总账科目 | 明细科目 | 借方金额 | | | | | | | | | | | 贷方金额 | | | | | | | | | | | √ |
|---|---|---|---|---|---|---|---|---|---|---|---|---|---|---|---|---|---|---|---|---|---|---|---|---|---|
| | | | 亿 | 千 | 百 | 十 | 万 | 千 | 百 | 十 | 元 | 角 | 分 | 亿 | 千 | 百 | 十 | 万 | 千 | 百 | 十 | 元 | 角 | 分 | |
| 偿还前欠货款 | 应付账款 | 宏利公司 | | | | | | 3 | 3 | 9 | 0 | 0 | 0 | | | | | | | | | | | | |
| 偿还前欠货款 | 银行存款 | | | | | | | | | | | | | | | | | | 3 | 3 | 9 | 0 | 0 | 0 | |
| | | | | | | | | | | | | | | | | | | | | | | | | | |
| | | | | | | | | | | | | | | | | | | | | | | | | | |
| | | | | | | | | | | | | | | | | | | | | | | | | | |
| | | | | | | | | | | | | | | | | | | | | | | | | | |
| 合计 | | | | | | | ¥ | 3 | 3 | 9 | 0 | 0 | 0 | | | | | ¥ | 3 | 3 | 9 | 0 | 0 | 0 | |

附单据 1 张

会计主管: 记账: 出纳: 复核: 制单: 肖芳菲

单据 7－31

# 记 账 凭 证

记 字第20 号

2020 年03月28日

| 摘要 | 总账科目 | 明细科目 | 借方金额 | 贷方金额 | √ |
|---|---|---|---|---|---|
| 收回大华公司欠 | 银行存款 | | 56500000 | | ☐ |
| 货款 | 应收账款 | 大华公司 | | 56500000 | ☐ |
| | | | | | ☐ |
| | | | | | ☐ |
| | | | | | ☐ |
| | | | | | ☐ |
| 合 计 | | | ¥56500000 | ¥56500000 | ☐ |

附单据 1 张

会计主管： 记账： 出纳： 复核： 制单：肖芳菲

单据 7－32

# 记 账 凭 证

记 字第21 号

2020 年03月28日

| 摘要 | 总账科目 | 明细科目 | 借方金额 | 贷方金额 | √ |
|---|---|---|---|---|---|
| 赊销乙产品 | 应收账款 | 大华公司 | 45200000 | | ☐ |
| 赊销乙产品 | 主营业务收入 | | | 40000000 | ☐ |
| 赊销乙产品 | 应交税费 | 应交增值税 | | 5200000 | ☐ |
| | | | | | ☐ |
| | | | | | ☐ |
| | | | | | ☐ |
| 合 计 | | | ¥45200000 | ¥45200000 | ☐ |

附单据 1 张

会计主管： 记账： 出纳： 复核： 制单：肖芳菲

单据 7－33

# 记 账 凭 证

记 字第22 号

2020 年03月30日

| 摘要 | 总账科目 | 明细科目 | 借方金额 | 贷方金额 | √ |
|---|---|---|---|---|---|
| 王国立承担盘亏B材 | 其他应收款 | 王国立 | 22600 | | ☐ |
| 料损失 | 待处理财产损溢 | | | 22600 | ☐ |
| | | | | | ☐ |
| | | | | | ☐ |
| | | | | | ☐ |
| | | | | | ☐ |
| 合 计 | | | ¥22600 | ¥22600 | ☐ |

附单据 1 张

会计主管： 记账： 出纳： 复核： 制单：肖芳菲

单据 7－34

# 记 账 凭 证

记 字第23 号

2020 年03月30日

| 摘 要 | 总账科目 | 明细科目 | 借方金额 | | | | | | | | | | | 贷方金额 | | | | | | | | | | | √ |
|---|---|---|---|---|---|---|---|---|---|---|---|---|---|---|---|---|---|---|---|---|---|---|---|---|---|
| | | | 亿 | 千 | 百 | 十 | 万 | 千 | 百 | 十 | 元 | 角 | 分 | 亿 | 千 | 百 | 十 | 万 | 千 | 百 | 十 | 元 | 角 | 分 | |
| 通过政府捐款 | 营业外支出 | 捐赠支出 | | | | | 5 | 0 | 0 | 0 | 0 | 0 | 0 | | | | | | | | | | | | □ |
| | 银行存款 | | | | | | | | | | | | | | | | | 5 | 0 | 0 | 0 | 0 | 0 | 0 | □ |
| | | | | | | | | | | | | | | | | | | | | | | | | | □ |
| | | | | | | | | | | | | | | | | | | | | | | | | | □ |
| | | | | | | | | | | | | | | | | | | | | | | | | | □ |
| | | | | | | | | | | | | | | | | | | | | | | | | | □ |
| 合 | | 计 | | | | ¥ | 5 | 0 | 0 | 0 | 0 | 0 | 0 | | | | ¥ | 5 | 0 | 0 | 0 | 0 | 0 | 0 | □ |

附单据 1 张

会计主管: 记账: 出纳: 复核: 制单: 肖芳菲

单据 7－35

# 记 账 凭 证

记 字第24 号

2020 年03月30日

| 摘 要 | 总账科目 | 明细科目 | 借方金额 | | | | | | | | | | | 贷方金额 | | | | | | | | | | | √ |
|---|---|---|---|---|---|---|---|---|---|---|---|---|---|---|---|---|---|---|---|---|---|---|---|---|---|
| | | | 亿 | 千 | 百 | 十 | 万 | 千 | 百 | 十 | 元 | 角 | 分 | 亿 | 千 | 百 | 十 | 万 | 千 | 百 | 十 | 元 | 角 | 分 | |
| 提取现金备发工资 | 库存现金 | | | | | 5 | 0 | 0 | 0 | 0 | 0 | 0 | 0 | | | | | | | | | | | | □ |
| | 银行存款 | | | | | | | | | | | | | | | | 5 | 0 | 0 | 0 | 0 | 0 | 0 | 0 | □ |
| | | | | | | | | | | | | | | | | | | | | | | | | | □ |
| | | | | | | | | | | | | | | | | | | | | | | | | | □ |
| | | | | | | | | | | | | | | | | | | | | | | | | | □ |
| | | | | | | | | | | | | | | | | | | | | | | | | | □ |
| 合 | | 计 | | | ¥ | 5 | 0 | 0 | 0 | 0 | 0 | 0 | 0 | | | ¥ | 5 | 0 | 0 | 0 | 0 | 0 | 0 | 0 | □ |

附单据 2 张

会计主管: 记账: 出纳: 复核: 制单: 肖芳菲

单据 7－36

# 记 账 凭 证

记 字第25 号

2020 年03月31日

| 摘 要 | 总账科目 | 明细科目 | 借方金额 | | | | | | | | | | | 贷方金额 | | | | | | | | | | | √ |
|---|---|---|---|---|---|---|---|---|---|---|---|---|---|---|---|---|---|---|---|---|---|---|---|---|---|
| | | | 亿 | 千 | 百 | 十 | 万 | 千 | 百 | 十 | 元 | 角 | 分 | 亿 | 千 | 百 | 十 | 万 | 千 | 百 | 十 | 元 | 角 | 分 | |
| 分配工资费用 | 生产成本 | 甲产品 | | | | 1 | 5 | 0 | 0 | 0 | 0 | 0 | 0 | | | | | | | | | | | | □ |
| 分配工资费用 | 生产成本 | 乙产品 | | | | 1 | 0 | 0 | 0 | 0 | 0 | 0 | 0 | | | | | | | | | | | | □ |
| 分配工资费用 | 制造费用 | 人工费 | | | | | 4 | 0 | 0 | 0 | 0 | 0 | 0 | | | | | | | | | | | | □ |
| 分配工资费用 | 管理费用 | 人工费 | | | | 1 | 5 | 0 | 0 | 0 | 0 | 0 | 0 | | | | | | | | | | | | □ |
| 分配工资费用 | 销售费用 | 人工费 | | | | | 6 | 0 | 0 | 0 | 0 | 0 | 0 | | | | | | | | | | | | □ |
| 分配工资费用 | 应付职工薪酬 | 工资 | | | | | | | | | | | | | | | 5 | 0 | 0 | 0 | 0 | 0 | 0 | 0 | □ |
| 合 | | 计 | | | ¥ | 5 | 0 | 0 | 0 | 0 | 0 | 0 | 0 | | | ¥ | 5 | 0 | 0 | 0 | 0 | 0 | 0 | 0 | □ |

附单据 1 张

会计主管: 记账: 出纳: 复核: 制单: 肖芳菲

单据 7－37

## 记 账 凭 证

记 字第26 号

2020 年03月31日

| 摘　　要 | 总账科目 | 明细科目 | 借方金额 | 贷方金额 | √ |
|---|---|---|---|---|---|
| 计提折旧 | 制造费用 | 折旧费 | 1000000 | | |
| 计提折旧 | 管理费用 | 折旧费 | 300000 | | |
| 计提折旧 | 销售费用 | 折旧费 | 200000 | | |
| 计提折旧 | 累计折旧 | | | 1500000 | |
| | | | | | |
| | | | | | |
| 合　　计 | | | ¥1500000 | ¥1500000 | |

附单据 1 张

会计主管:　　记账：　　出纳:　　复核:　　制单: 肖芳菲

单据 7－38

## 记 账 凭 证

记 字第27 号

2020 年03月31日

| 摘　　要 | 总账科目 | 明细科目 | 借方金额 | 贷方金额 | √ |
|---|---|---|---|---|---|
| 结转制造费用 | 生产成本 | 甲产品 | 3000000 | | |
| 结转制造费用 | 生产成本 | 乙产品 | 2000000 | | |
| 结转制造费用 | 制造费用 | | | 5000000 | |
| | | | | | |
| | | | | | |
| | | | | | |
| 合　　计 | | | ¥5000000 | ¥5000000 | |

附单据 1 张

会计主管:　　记账：　　出纳:　　复核:　　制单: 肖芳菲

单据 7－39

## 产品销售成本汇总计算表

2020年3月31日　　　　单位：元

| 产品名称 | 单位 | 销售数量 | 单位成本 | 总销售成本 | 备注 |
|---|---|---|---|---|---|
| 甲产品 | 件 | 250 | 1000.00 | 250000.00 | |
| 乙产品 | 件 | 200 | 800.00 | 160000.00 | |
| 合 计 | | 450 | | 410000.00 | |

制单：冯大力

单据 7－40

# 记账凭证

记 字第28 号

2020 年03月31日

| 摘要 | 总账科目 | 明细科目 | 借方金额 | | | | | | | | | | | 贷方金额 | | | | | | | | | | | √ |
|---|---|---|---|---|---|---|---|---|---|---|---|---|---|---|---|---|---|---|---|---|---|---|---|---|---|
| | | | 亿 | 千 | 百 | 十 | 万 | 千 | 百 | 十 | 元 | 角 | 分 | 亿 | 千 | 百 | 十 | 万 | 千 | 百 | 十 | 元 | 角 | 分 | |
| 结转销售成本 | 主营业务成本 | | | | | 4 | 1 | 0 | 0 | 0 | 0 | 0 | 0 | | | | | | | | | | | | |
| 结转销售成本 | 库存商品 | 甲产品 | | | | | | | | | | | | | | | 2 | 5 | 0 | 0 | 0 | 0 | 0 | 0 | |
| 结转销售成本 | 库存商品 | 乙产品 | | | | | | | | | | | | | | | 1 | 6 | 0 | 0 | 0 | 0 | 0 | 0 | |
| | | | | | | | | | | | | | | | | | | | | | | | | | |
| | | | | | | | | | | | | | | | | | | | | | | | | | |
| | | | | | | | | | | | | | | | | | | | | | | | | | |
| 合计 | | | | | ¥ | 4 | 1 | 0 | 0 | 0 | 0 | 0 | 0 | | | ¥ | 4 | 1 | 0 | 0 | 0 | 0 | 0 | 0 | |

附单据 1 张

会计主管： 记账： 出纳： 复核： 制单： 肖芳菲

单据 7－41

# 记账凭证

记 字第29 1/2 号

2020 年03月31日

| 摘要 | 总账科目 | 明细科目 | 借方金额 | | | | | | | | | | | 贷方金额 | | | | | | | | | | | √ |
|---|---|---|---|---|---|---|---|---|---|---|---|---|---|---|---|---|---|---|---|---|---|---|---|---|---|
| | | | 亿 | 千 | 百 | 十 | 万 | 千 | 百 | 十 | 元 | 角 | 分 | 亿 | 千 | 百 | 十 | 万 | 千 | 百 | 十 | 元 | 角 | 分 | |
| 结转收益类账户 | 主营业务收入 | | | | | 9 | 0 | 0 | 0 | 0 | 0 | 0 | 0 | | | | | | | | | | | | |
| 结转收益类账户 | 营业外收入 | | | | | | | | 2 | 0 | 0 | 0 | 0 | | | | | | | | | | | | |
| 结转收益类账户 | 本年利润 | | | | | | | | | | | | | | | | 9 | 0 | 0 | 2 | 0 | 0 | 0 | 0 | |
| | | | | | | | | | | | | | | | | | | | | | | | | | |
| | | | | | | | | | | | | | | | | | | | | | | | | | |
| | | | | | | | | | | | | | | | | | | | | | | | | | |
| 合计 | | | | | ¥ | 9 | 0 | 0 | 2 | 0 | 0 | 0 | 0 | | | ¥ | 9 | 0 | 0 | 2 | 0 | 0 | 0 | 0 | |

附单据 1 张

会计主管： 记账： 出纳： 复核： 制单： 肖芳菲

单据 7－42

# 记账凭证

记 字第29 2/2 号

2020 年03月31日

| 摘要 | 总账科目 | 明细科目 | 借方金额 | | | | | | | | | | | 贷方金额 | | | | | | | | | | | √ |
|---|---|---|---|---|---|---|---|---|---|---|---|---|---|---|---|---|---|---|---|---|---|---|---|---|---|
| | | | 亿 | 千 | 百 | 十 | 万 | 千 | 百 | 十 | 元 | 角 | 分 | 亿 | 千 | 百 | 十 | 万 | 千 | 百 | 十 | 元 | 角 | 分 | |
| 结转成本类账户 | 本年利润 | | | | | 6 | 7 | 9 | 3 | 4 | 0 | 0 | 0 | | | | | | | | | | | | |
| 结转成本类账户 | 主营业务成本 | | | | | | | | | | | | | | | | 4 | 1 | 0 | 0 | 0 | 0 | 0 | 0 | |
| 结转成本类账户 | 管理费用 | | | | | | | | | | | | | | | | 1 | 5 | 7 | 1 | 3 | 0 | 0 | 0 | |
| 结转成本类账户 | 销售费用 | | | | | | | | | | | | | | | | | 6 | 2 | 0 | 0 | 0 | 0 | 0 | |
| 结转成本类账户 | 财务费用 | | | | | | | | | | | | | | | | | | | 2 | 1 | 0 | 0 | 0 | |
| 结转成本类账户 | 营业外支出 | | | | | | | | | | | | | | | | | 5 | 0 | 0 | 0 | 0 | 0 | 0 | |
| 合计 | | | | | ¥ | 6 | 7 | 9 | 3 | 4 | 0 | 0 | 0 | | | ¥ | 6 | 7 | 9 | 3 | 4 | 0 | 0 | 0 | |

附单据 张

会计主管： 记账： 出纳： 复核： 制单：

单据 7－43

# 记账凭证

记 字第30 号

2020 年03月31日

| 摘要 | 总账科目 | 明细科目 | 借方金额（亿千百十万千百十元角分） | 贷方金额（亿千百十万千百十元角分） | √ |
| --- | --- | --- | --- | --- | --- |
| 计提所得税 | 所得税费用 | | 5521500 | | |
| 计提所得税 | 应交税费 | 应交所得税 | | 5521500 | |
| | | | | | |
| | | | | | |
| | | | | | |
| | | | | | |
| 合 | | 计 | ¥5521500 | ¥5521500 | |

附单据 1 张

会计主管：　　记账：　　出纳：　　复核：　　制单：肖芳菲

单据 7－44

# 记账凭证

记 字第31 号

2020 年03月31日

| 摘要 | 总账科目 | 明细科目 | 借方金额（亿千百十万千百十元角分） | 贷方金额（亿千百十万千百十元角分） | √ |
| --- | --- | --- | --- | --- | --- |
| 结转所得税费用 | 本年利润 | | 5521500 | | |
| 结转所得税费用 | 所得税费用 | | | 5521500 | |
| | | | | | |
| | | | | | |
| | | | | | |
| | | | | | |
| 合 | | 计 | ¥5521500 | ¥5521500 | |

附单据 1 张

会计主管：　　记账：　　出纳：　　复核：　　制单：肖芳菲

单据 7－45

# 记账凭证

记 字第32 号

2020 年03月31日

| 摘要 | 总账科目 | 明细科目 | 借方金额（亿千百十万千百十元角分） | 贷方金额（亿千百十万千百十元角分） | √ |
| --- | --- | --- | --- | --- | --- |
| 结转本年利润 | 本年利润 | | 16564500 | | |
| 结转本年利润 | 利润分配 | | | 16564500 | |
| | | | | | |
| | | | | | |
| | | | | | |
| | | | | | |
| 合 | | 计 | ¥16564500 | ¥16564500 | |

附单据 1 张

会计主管：　　记账：　　出纳：　　复核：　　制单：肖芳菲

**单据 7－46**

1100164101　　**黑龙江增值税专用发票**　　№ 00160235　　1100164101　00160235

发 票 联

校验码 12739 39721 12671 33427　　　开票日期：2019年11月10日

| | | | | | | | |
|---|---|---|---|---|---|---|---|
| 购买方 | 名称：山泉实业有限责任公司<br>纳税人识别号：32080010422006571N<br>地址、电话：佳木斯市郊区通江路12号 0454-8655723<br>开户行及账号：中国工商银行佳木斯市东风支行 0904023092461835041 | | | 密码区 | 03/50/*36677-*8*42<-087*6591<br>*><360892/+54151*7>5/27/-880<br>36<6985**445810**-+4<-/6+/7+<br>1><8793*6501794+19>51795*+<* | | |
| 货物或应税劳务、服务名称 | 规格型号 | 单位 | 数量 | 单价 | 金额 | 税率 | 税额 |
| *文具*文件夹 | | 本 | 10 | 10 | 100.00 | 13% | 13.00 |
| *文具*订书器 | | 支 | 10 | 20 | 200.00 | 13% | 26.00 |
| *文具*计算器 | | 台 | 2 | 240 | 480.00 | 13% | 62.40 |
| 合计 | | | | | ¥780.00 | | ¥101.40 |
| 价税合计（大写） | ⊗捌佰捌拾壹元肆角整 | | | | （小写）¥881.40 | | |
| 销售方 | 名称：佳木斯文化用品商店<br>纳税人识别号：258291040021411238<br>地址、电话：佳木斯市向阳区长安路11号 0454-8677669<br>开户行及账号：中国建设银行佳木斯市向阳支行 0904022309246180869 | | | 备注 | | | |

收款人：　　复核：　　开票人：杨坤　　销售方：（章）

（印章：佳木斯文化用品商店 258291040021411238 发票专用章）

第三联：发票联 购买方记账凭证

**单据 7－47**

中国工商银行
转账支票存根
30909320
20617230
附加信息
出票日期2019年11月10日
收款人：佳木斯文化用品商店
金额：¥881.40
用途：购办公用品
单位主管　　会计
上海金达证券印制有限公司·2012年印制

**单据 7－48**

**借 款 单**

2019 年 11 月 12 日

| | | | | | | | |
|---|---|---|---|---|---|---|---|
| 借款部门 | 供应科 | 姓名 | 周涛 | 事由 | 采购材料 | | |
| 借款金额（大写） | 零万 叁仟 零佰 零拾 零元 零角 零分 | | | | ¥ 3,000.00 | | |
| 领导审批 | 王林 | 财务审批 | 周明 | 部门审批 | 肖鹏 | 出纳付款 | 林静 |
| 借款人 | | 备注 | | | 现金付讫 | | |

单据 7－49

**ICBC 中国工商银行** 进账单（收账通知） 3

2019 年 11 月16 日 №

| | | | | | |
|---|---|---|---|---|---|
| 出票人 | 全　称 | 方正公司 | 收款人 | 全　称 | 山泉实业有限责任公司 |
| | 账　号 | 2300011700325100428 | | 账　号 | 中国工商银行佳木斯市东风支行 |
| | 开户银行 | 中国建设银行台州市中山支行 | | 开户银行 | 0904023092461835041 |
| 金额 | 人民币（大写） | 贰万伍仟元整 | | 亿千百十万千百十元角分 | ¥2500000 |
| 票据种类 | 转账支票 | 票据张数 | 1张 | | |
| 票据号码 | | | | | |
| 备注： | | | | | |
| 复核： | 记账： | | | 收款人开户银行签章 | |

（印章：中国工商银行佳木斯市东风支行 业务专用章（1））

此联是收款人开户银行交给收款人的收账通知

175*85mm GH066011

单据 7－50

1100563342 黑龙江增值税专用发票 № 23910016

1100563342
23910016

校验码 24697 90969 00988 46257　　开票日期：2019年11月30日

| | | |
|---|---|---|
| 购买方 | 名　　称：山泉实业有限责任公司<br>纳税人识别号：32080010422006571N<br>地 址、电 话：佳木斯市郊区通江路12号 0454-8655723<br>开户行及账号：中国工商银行佳木斯市东风支行 0904023092461835041 | 密码区：03/50/*36677-*8*42<-087*6591<br>*><360892/+54151*7>5/27/-880<br>36<6985**445810**-+4<-/6+/7+<br>1><8793*6501794+19>51795*+<* |

| 货物或应税劳务、服务名称 | 规格型号 | 单位 | 数量 | 单价 | 金额 | 税率 | 税额 |
|---|---|---|---|---|---|---|---|
| *通信服务*电话费 | | | | 458.72 | 458.72 | 9% | 41.28 |
| 合　计 | | | | | ¥458.72 | | ¥41.28 |
| 价税合计（大写） | ⊗伍佰元整 | | | | （小写）¥500.00 | | |

| | | |
|---|---|---|
| 销售方 | 名　　称：中国移动黑龙江分公司<br>纳税人识别号：3208001356012201224<br>地 址、电 话：佳木斯市郊区通江路139号 0454-8677213<br>开户行及账号：中国工商银行佳木斯市东风支行 09804022378123511006 | 备注 |

收款人：　　复核：　　开票人：张静　　销售方：（章）

（印章：中国移动黑龙江分公司 3208001356012201224 发票专用章）

第三联：发票联　购买方记账凭证

税总函〔2015〕1562号海南华森实业公司

单据 7－51

中国工商银行
转账支票存根
30909320
20617230

附加信息

出票日期2019年11月30日
收款人：中国移动黑龙江分公司
金　额：¥500.00
用　途：付固定电话费
单位主管　会计　王欣

上海金达证券印制有限公司 · 2012 年印制

单据 7－52

## 中国工商银行信汇凭证（回单）

1

委托日期 2019 年 11 月 30 日

| | | | | | |
|---|---|---|---|---|---|
| 汇款人 | 全　称 | 山泉实业有限责任公司 | 收款人 | 全　称 | 光明公司 |
| | 账　号 | 0904023092461835041 | | 账　号 | 370002260900363665 5 |
| | 汇出地点 | 黑龙江 省 佳木斯 市/县 | | 汇入地点 | 山东 省 青岛 市/县 |
| 汇出行名称 | | 中国工商银行佳木斯市东风支行 | 汇入行名称 | | 中国工商银行青岛市站东支行 |
| 金额 | 人民币（大写） | 伍万元整 | 亿千百十万千百十元角分 | | ¥5000000 |
| 中国工商银行佳木斯市东风支行 业务专用章 （1） 汇出行签章 | | | 支付密码 | | |
| | | | 附加信息及用途：预付货款 | | |

此联汇出行给汇款人的回单

单据 7－53

## 记 账 凭 证

记 字第001 号

2019 年11 月12日

| 摘　要 | 总账科目 | 明细科目 | 借方金额（亿千百十万千百十元角分） | 贷方金额（亿千百十万千百十元角分） | √ |
|---|---|---|---|---|---|
| 购办公用品 | 管理费用 | 办公费 | 88140 | | □ |
| 购办公用品 | 银行存款 | | | 88140 | □ |
| | | | | | □ |
| | | | | | □ |
| | | | | | □ |
| | | | | | □ |
| 合　计 | | | ¥88140 | ¥88140 | □ |

附单据 1 张

会计主管：　　记账：　　出纳：　　复核：　　制单：赵莉莉

单据 7－54

## 记 账 凭 证

记 字第002 号

2019 年11月12日

| 摘要 | 总账科目 | 明细科目 | 借方金额 | 贷方金额 | √ |
|---|---|---|---|---|---|
| 预借差旅费 | 管理费用 | 差旅费 | 30000 | | |
| 预借差旅费 | 库存现金 | | | 30000 | |
| | | | | | |
| | | | | | |
| | | | | | |
| | | | | | |
| 合计 | | | ¥30000 | ¥30000 | |

附单据 1 张

会计主管: 记账: 出纳: 复核: 制单: 赵莉莉

单据 7－55

## 记 账 凭 证

记 字第003 号

2019 年11月16日

| 摘要 | 总账科目 | 明细科目 | 借方金额 | 贷方金额 | √ |
|---|---|---|---|---|---|
| 收回货款 | 银行存款 | | 2500000 | | |
| 收回货款 | 应付账款 | 方正公司 | | 2500000 | |
| | | | | | |
| | | | | | |
| | | | | | |
| | | | | | |
| 合计 | | | ¥2500000 | ¥2500000 | |

附单据 1 张

会计主管: 记账: 出纳: 复核: 制单: 赵莉莉

单据 7－56

## 记 账 凭 证

记 字第004 号

2019 年11月30日

| 摘要 | 总账科目 | 明细科目 | 借方金额 | 贷方金额 | √ |
|---|---|---|---|---|---|
| 支付话费 | 管理费用 | 电话费 | 500000 | | |
| 支付话费 | 银行存款 | | | 500000 | |
| | | | | | |
| | | | | | |
| | | | | | |
| | | | | | |
| 合计 | | | ¥500000 | ¥500000 | |

附单据 1 张

会计主管: 记账: 出纳: 复核: 制单: 赵莉莉

单据 7－57

# 记 账 凭 证

记 字第005 号

2019 年11月30日

| 摘要 | 总账科目 | 明细科目 | 借方金额 | 贷方金额 | √ |
|---|---|---|---|---|---|
| 预付货款 | 预付账款 | 光明公司 | 500000 | | □ |
| 预付货款 | 银行存款 | | | 500000 | □ |
| | | | | | □ |
| | | | | | □ |
| | | | | | □ |
| | | | | | □ |
| 合 计 | | | ¥500000 | ¥500000 | □ |

附单据 1 张

会计主管： 记账： 出纳： 复核： 制单：赵莉莉

单据 7－58

## 管理费用明细

一级科目 管理费用

| 2019年 月 | 日 | 凭证号数 | 摘要 | 借方 | 贷方 | 借或贷 | 余额 | 办公费 | 差旅费 | 职工薪酬 |
|---|---|---|---|---|---|---|---|---|---|---|
| 11 | 10 | 001 | 办公费 | | | | | 88140 | | |
| 11 | 12 | 002 | 预付差旅费 | | | | | | 30000 | |
| 11 | 30 | 004 | 电话费 | | | | | 500000 | | |
| | | | | | | | | | | |

单据 7－59

## 库存现金日记账

第____页

| 2019年 月 | 日 | 凭证种类 | 号数 | 摘要 | 借方 | 贷方 | 余额 | 核对 |
|---|---|---|---|---|---|---|---|---|
| | | | | 承前页 | | | 420000 | □ |
| 11 | 12 | 记 | 002 | 预付差旅费 | | 30000 | 390000 | □ |
| | | | | | | | | □ |

单据 7－60

第＿＿页

## 银行存款日记账

开户行：

账 号：

| 2019年 月 | 日 | 凭证 种类 | 号数 | 摘要 | 借方（亿千百十万千百十元角分） | 贷方（亿千百十万千百十元角分） | 余额（亿千百十万千百十元角分） | 核对 |
|---|---|---|---|---|---|---|---|---|
| | | | | 承前页 | | | 16690000 | □ |
| 11 | 10 | 记 | 001 | 购买办公用品 | | 88140 | 16601860 | □ |
| 11 | 16 | 记 | 003 | 收回货款 | 2500000 | | 19101860 | □ |
| 11 | 30 | 记 | 004 | 支付电话费 | | 500000 | 18601860 | □ |
| 11 | 30 | 记 | 005 | 预付货款 | | 500000 | 18101860 | □ |
| | | | | | | | | □ |
| | | | | | | | | □ |

单据 7－61

分页：＿＿＿ 总页：＿＿＿

## 应付账款 明细账

一级科目 应付账款　　二级科目 方正公司

| 2019年 月 | 日 | 凭证 种类 | 号数 | 摘要 | √ | 借方（亿千百十万千百十元角分） | 贷方（亿千百十万千百十元角分） | 借或贷 | 余额（亿千百十万千百十元角分） |
|---|---|---|---|---|---|---|---|---|---|
| | | | | 承前页 | | | | 贷 | 5000000 |
| 11 | 16 | 记 | 003 | 收回货款 | | | 2500000 | | |
| | | | | | | | | | |

单据 7－62

分页：＿＿＿ 总页：＿＿＿

## 预付账款 明细账

一级科目 预付账款　　二级科目 光明公司

| 2019年 月 | 日 | 凭证 种类 | 号数 | 摘要 | √ | 借方（亿千百十万千百十元角分） | 贷方（亿千百十万千百十元角分） | 借或贷 | 余额（亿千百十万千百十元角分） |
|---|---|---|---|---|---|---|---|---|---|
| 11 | 30 | 记 | 005 | 预付货款 | | 500000 | | 借 | 500000 |
| | | | | | | | | | |

单据 7－63

分页：________ 总页：________

## 应收账款　　明 细 账

一级科目 *应收账款*　　　　二级科目 *方正公司*

| 2019 年 月 | 日 | 凭证 种类 | 号数 | 摘要 | √ | 借方（亿千百十万千百十元角分） | 贷方（亿千百十万千百十元角分） | 借或贷 | 余额（亿千百十万千百十元角分） |
|---|---|---|---|---|---|---|---|---|---|
| | | | | 承前页 | | | | 借 | 5000000 |
| | | | | | | | | | |

单据 7－64

## 应交税费——应交增值税明细账

分页：________ 总页：________

| 转出未交增值税（千百十万千百十元角分） | 贷方 合计（千百十万千百十元角分） | 销项税额（千百十万千百十元角分） | 出口退税（千百十万千百十元角分） | 进项税额转出（千百十万千百十元角分） | 转出多交增值税（千百十万千百十元角分） | 借或贷 | 余额（千百十万千百十元角分） |
|---|---|---|---|---|---|---|---|
| | | | | | | 贷 | 358000 |
| | | | | | | | |
| | | | | | | | |

单据 8－1

第 ____ 页

## 银行存款日记账

开户行：

账　号：

| 2020年 月 | 日 | 凭证 种类 | 号数 | 摘　要 | 借　方（亿千百十万千百十元角分） | 贷　方（亿千百十万千百十元角分） | 余　额（亿千百十万千百十元角分） | 核对 |
|---|---|---|---|---|---|---|---|---|
| | | | | …… | | | | □ |
| 02 | 28 | | | 本月合计 | 86000000 | 53000000 | 33000000 | □ |
| 03 | 02 | 记 | 03 | 付广告费 | | 3000000 | 30000000 | □ |
| 03 | 06 | 记 | 10 | 代付运费 | | 200000 | 29800000 | □ |
| 03 | 09 | 记 | 16 | 预收货款 | 10000000 | | 39800000 | □ |
| 03 | 16 | 记 | 29 | 付维修费 | | 500000 | 39300000 | □ |
| 03 | 24 | 记 | 30 | 提取现金 | | 2000000 | 37300000 | □ |
| 03 | 31 | 记 | 32 | 补收货款 | 585000 | | 37885000 | □ |
| | | | | | | | | □ |

单据 8－2

邮　　编
存款人地址
存款人名称

## 中国工商银行（ 东风支行 ）对账单

STATEMENT OF ACCOUNT

机构　　　　　　　　　　币种　　　　　　　　　　第　　页

账号 00386527　　　　　　单位名称 瑞智公司

| 2020年 日期 | 摘要 | 凭证种类 | 凭证号码 | 发生额 借方 | 发生额 贷方 | 余额 | 记账部门 | 流水号 |
|---|---|---|---|---|---|---|---|---|
| 02.28 | | | | 530000.00 | 860000.00 | 330000.00 | | |
| 03.02 | 付广告费 | 转支 | 010 | 30000.00 | | 300000.00 | | |
| 03.06 | 收回货款 | 电汇 | 036 | | 80000.00 | 380000.00 | | |
| 03.09 | 预付货款 | 转支 | 022 | | 100000.00 | 480000.00 | | |
| 03.24 | 提取现金 | 现支 | 001 | 20000.00 | | 460000.00 | | |
| 03.24 | 利息收入 | | | | 600.00 | 460600.00 | | |
| 03.31 | 付购料款 | 电汇 | 068 | 50000.00 | | 410600.00 | | |

单据 8－3

## 银行存款余额调节表

开户银行：　　　　　　　　　　账号：　　　　　　　　　　2019 年 03 月 31 日止

| 摘要 | 凭证号 | 金额 | | | | | | | | | | | | 摘要 | 凭证号 | 金额 | | | | | | | | | | | |
|---|---|---|---|---|---|---|---|---|---|---|---|---|---|---|---|---|---|---|---|---|---|---|---|---|---|---|---|
| | | 十 | 亿 | 千 | 百 | 十 | 万 | 千 | 百 | 十 | 元 | 角 | 分 | | | 十 | 亿 | 千 | 百 | 十 | 万 | 千 | 百 | 十 | 元 | 角 | 分 |
| 银行存款日记账余额 | | | | | | | | | | | | | | 银行对账单余额 | | | | | | | | | | | | | |
| 加：银行已收,企业未收 | | | | | | | | | | | | | | 加：企业已收,银行未收 | | | | | | | | | | | | | |
| 1 | | | | | | | | | | | | | | 1 | | | | | | | | | | | | | |
| 2 | | | | | | | | | | | | | | 2 | | | | | | | | | | | | | |
| 3 | | | | | | | | | | | | | | 3 | | | | | | | | | | | | | |
| 4 | | | | | | | | | | | | | | 4 | | | | | | | | | | | | | |
| 5 | | | | | | | | | | | | | | 5 | | | | | | | | | | | | | |
| 6 | | | | | | | | | | | | | | 6 | | | | | | | | | | | | | |
| 7 | | | | | | | | | | | | | | 7 | | | | | | | | | | | | | |
| 减：银行已付,企业未付 | | | | | | | | | | | | | | 减：企业已付,银行未付 | | | | | | | | | | | | | |
| 1 | | | | | | | | | | | | | | 1 | | | | | | | | | | | | | |
| 2 | | | | | | | | | | | | | | 2 | | | | | | | | | | | | | |
| 3 | | | | | | | | | | | | | | 3 | | | | | | | | | | | | | |
| 4 | | | | | | | | | | | | | | 4 | | | | | | | | | | | | | |
| 5 | | | | | | | | | | | | | | 5 | | | | | | | | | | | | | |
| 6 | | | | | | | | | | | | | | 6 | | | | | | | | | | | | | |
| 7 | | | | | | | | | | | | | | 7 | | | | | | | | | | | | | |
| 8 | | | | | | | | | | | | | | 8 | | | | | | | | | | | | | |
| 9 | | | | | | | | | | | | | | 9 | | | | | | | | | | | | | |
| 10 | | | | | | | | | | | | | | 10 | | | | | | | | | | | | | |
| 11 | | | | | | | | | | | | | | 11 | | | | | | | | | | | | | |
| 12 | | | | | | | | | | | | | | 12 | | | | | | | | | | | | | |
| 调节后余额 | | | | | | | | | | | | | | 调节后余额 | | | | | | | | | | | | | |

财务主管：　　　　　　　　　　　　　　　　制表：

单据 10－1

## 借款单

2019 年 12 月 01 日

| | | | | | | | |
|---|---|---|---|---|---|---|---|
| 借款部门 | 销售部 | 姓名 | 张超 | 事由 | 去哈参加洽谈会 | | |
| 借款金额（大写） | 零万 壹仟 零佰 零拾 零元 零角 零分 ￥ 1,000.00 | | | | | | |
| 领导审批 | 宋佳 | 财务审批 | 王力 | 部门审批 | 王微 | 出纳付款 | 肖芳 |
| 借款人 | 张超 | 备注 | | 现金付讫 | | | |

单据 10－2

## 收款收据

2019 年 12 月 01 日　　NO. 1210001

今收到 丰盈公司投资款

金额（大写） 伍拾 零万 零仟 零佰 零拾 零元 零角 零分

￥ 500,000.00　☐ 现金　☑ 支票　☐ 信用卡　☐ 其他　收款单位（盖章）

宏大有限责任公司 财务专用章

核准　会计　记账　出纳 肖芳　经手人 李萍

第三联会计联

单据 10－3

## ICBC 中国工商银行　进账单（收账通知） 3

2019 年 12 月 01 日　　№

| | | | | | |
|---|---|---|---|---|---|
| 出票人 | 全称 | 丰盈公司 | 收款人 | 全称 | 宏大有限责任公司 |
| | 账号 | 0904023092325100341 | | 账号 | 0904021309248180435 |
| | 开户银行 | 中国工商银行佳木斯市南岗支行 | | 开户银行 | 中国工商银行佳木斯市东风支行 |

| 金额 | 人民币（大写） 伍拾万元整 | 亿 | 千 | 百 | 十 | 万 | 千 | 百 | 十 | 元 | 角 | 分 |
|---|---|---|---|---|---|---|---|---|---|---|---|---|
| | | | | ￥ | 5 | 0 | 0 | 0 | 0 | 0 | 0 | 0 |

| | | | |
|---|---|---|---|
| 票据种类 | 转账支票 | 票据张数 | 1张 |
| 票据号码 | | | |

备注：

复核：　记账：

中国工商银行佳木斯市东风支行 业务专用章 (1)

收款人开户银行签章

此联是收款人开户银行交给收款人的收账通知

175*85mm GH 06011

单据 10－4

## 中国工商银行电子缴税付款凭证

缴税日期：2019年12月01日　　　　凭证字号：2016120104823567

纳税人全称及纳税人识别号：宏大有限责任公司 23080010004228812N

付款人全称：宏大有限责任公司

付款人账号：0904021309248180435　　　　征收机关名称：佳木斯市东风区税务局

付款人开户行：中国工商银行佳木斯市东风支行　　　　收款国库（银行）名称：国家金库佳木斯市东风区代理支库

小写（合计）金额：¥10000.00　　　　缴款书交易流水号：W13215678324

大写（合计）金额：人民币壹万元整　　　　税票号码：W13215678324

| 税（费）种名称 | 所属日期 | 实缴金额（单位：元） |
| --- | --- | --- |
| 城市建设维护税 | 20191101-20191130 | 7000.00 |
| 教育费附加 | 20191101-20191130 | 3000.00 |

中国工商银行佳木斯市东风支行 业务专用章 (1)

打印时间：2019年12月01日

客户回单联　　验证码：　　复核：　　记账：

单据 10－5

## 中国工商银行电子缴税付款凭证

缴税日期：2019年12月01日　　　　凭证字号：2016120104823568

纳税人全称及纳税人识别号：宏大有限责任公司 23080010004228812N

付款人全称：宏大有限责任公司

付款人账号：0904021309248180435　　　　征收机关名称：佳木斯市东风区税务局

付款人开户行：中国工商银行佳木斯市东风支行　　　　收款国库（银行）名称：国家金库佳木斯市东风区代理支库

小写（合计）金额：¥32685.00　　　　缴款书交易流水号：W13215678325

大写（合计）金额：人民币叁万贰仟陆佰捌拾伍元整　　　　税票号码：W13215678325

| 税（费）种名称 | 所属日期 | 实缴金额（单位：元） |
| --- | --- | --- |
| 增值税 | 20191101-20191130 | 32685.00 |

中国工商银行佳木斯市东风支行 业务专用章 (1)

打印时间：2019年12月01日

客户回单联　　验证码：　　复核：　　记账：

单据 10－6

## 中国工商银行电子缴税付款凭证

缴税日期：2019年12月01日　　　　凭证字号：2016120104823569

纳税人全称及纳税人识别号：宏大有限责任公司 230800100042288l2N

付款人全称：宏大有限责任公司

付款人账号：0904021309248180435　　　　征收机关名称：佳木斯市东风区税务局

付款人开户行：中国工商银行佳木斯市东风支行　　　　收款国库（银行）名称：国家金库佳木斯市东风区代理支库

小写（合计）金额：￥20000.00　　　　缴款书交易流水号：W13215678326

大写（合计）金额：人民币贰万元整　　　　税票号码：W13215678326

| 税（费）种名称 | 所属日期 | 实缴金额（单位：元） |
|---|---|---|
| 企业所得税 | 20191101-20191130 | 20000.00 |

中国工商银行佳木斯市东风支行 业务专用章 (1)

打印时间：2019年12月01日

客户回单联　　　　验证码：　　　　复核：　　　　记账：

单据 10－7

## 中国工商银行借款凭证

① No.2940325

2019 年 12 月 01 日

| | | | | | |
|---|---|---|---|---|---|
| 借款人 | 宏大有限责任公司 | 贷款账号 | 2001254585120 | 存款账号 | 0904021309248180435 |
| 贷款金额 | 人民币壹拾万元整 | | 亿 千 百 十 万 千 百 十 元 角 分 | | ￥ 1 0 0 0 0 0 0 0 |
| 用途 | 周转借款 | 期限 | 约定还款日期 | 2020.09.02 | |
| | | 9个月 | 贷款利率 3.6% | 借款合同号码 | 3435 |

上列贷款已转入借款人指定的账户。

中国工商银行佳木斯市东风支行 业务专用章 (1)

复核　　　　记账

第一联 回单

CH 087912

**单据 10－8**

ICBC 中国工商银行 业务回单（收款）

日期：2019年 12月 01日　　回单编号：1534900002

付款人户名：　　付款人开户行：

付款人账号（卡号）：

收款人户名：宏大有限责任公司　　收款人开户行：中国工商银行佳木斯市东风支行

收款人账号（卡号）：0904021309248180435

金额：壹拾万元整　　小写：100000.00元

业务（产品）种类：结算业务凭证　凭证种类：000000000　凭证号码：000000000000000000

摘要：周转借款　　用途：　　币种：人民币

交易机构：0410000292　记账柜员：03741　交易代码：02108　渠道：柜面

产品名称：　　费用名称：

应收金额：100000.00　实收金额：100000.00　收费渠道：

本回单为第一次打印，注意重复　打印日期：2019年 12月 01日　打印柜员：9　验证码：0A81640EF006

中国工商银行佳木斯市东风支行 业务专用章 (1)

**单据 10－9**

政府非税收入专用票据　　No.:1967813

注册号码：黑财[2019]票字第02号　　票据类型：

2019年 12月 01日　　数字指纹：

| 缴款单位(或缴款人) | 宏大有限责任公司 | 执收单位编码 | 23145635 | 收费许可证002 字第280099 号 | |
|---|---|---|---|---|---|
| 项目编码 | 收费项目 | 计费数量 | 收费标准 | 金额 | 备注 |
| | 垃圾处理费 | 1 | 6,000.00 | 6,000.00 | 2019年全年 |
| 人民币(大写)合计：陆仟元整 | | | | ¥:6,000.00 | |

收费单位(公章)：　　开票卡号：　　收款人：王长林　　开票人：

第一联：收据

佳木斯市郊区建设与环境卫生管理局 财务专用章

电脑打印　手写无效

单据 10－10

中国工商银行
转账支票存根
30909324
01456300

附加信息

出票日期2019年12月01日

收款人：佳木斯市郊区建设与环境卫生管理局

金　额：¥6000.00

用　途：支付垃圾处理费

单位主管　　会计

上海金达证券印制有限公司·2012年印制

单据 10－11

## 收料单

供货单位：浩源公司　　　　编号：007

发票编号：　　　　2019年 12月 01日　　　　仓库：一号仓

| 材料类别 | 材料编号 | 材料名称 | 规格 | 计量单位 | 数量 | | 金额 | | |
|---|---|---|---|---|---|---|---|---|---|
| | | | | | 应收 | 实收 | 单价 | 买价 | 合计 |
| 主要材料 | 001 | A材料 | | kg | -480 | -480 | 20.00 | -9600.00 | -9600.00 |
| | | | | | | | | | |
| | | | | | | | | | |
| | | | | | | | | | |
| | | | | | | | | | |

会计联

会计主管　　会计　　审核　　记账　　收料

单据 10－12

9972064841　　黑龙江增值税专用发票　　№ 43098062　　9972064841 43098062

发票联

校验码 94730 73948 67749 93037　　开票日期：2019年12月02日

购买方　名　　称：宏大有限责任公司
纳税人识别号：23080010004228812N
地 址、电 话：佳木斯市郊区机场路66号 0454-8733210
开户行及账号：中国工商银行佳木斯市东风支行　0904021309248180435

密码区
-65745<19458<3840481700**01
5/37503848*7>234504>-00*002
2//5>*8574567-7<8*87309-891
<413-3001152-/7142>>8088023

| 货物或应税劳务、服务名称 | 规格型号 | 单位 | 数量 | 单价 | 金额 | 税率 | 税额 |
|---|---|---|---|---|---|---|---|
| *服装*工作装 | kk-23 | 套 | 20 | 120.00 | 2400.00 | 13% | 312.00 |
| 合　计 | | | | | ¥2400.00 | | ¥312.00 |

价税合计（大写）　⊗贰仟柒佰壹拾贰元整　　（小写）¥2712.00

销售方　名　　称：优艺服装公司
纳税人识别号：9123080037122N9807
地 址、电 话：佳木斯市郊区长青路18路 0454-87333450
开户行及账号：中国工商银行通江支行　6523170050112851122

备注　优艺服装公司 9123080037122N9807 发票专用章

收款人：　　复核：　　开票人：叶小清　　销售方：（章）

第三联：发票联　购买方记账凭证

单据 10－13

**ICBC 中国工商银行　　进账单（收账通知） 3**

2019 年 12 月03 日　　№621700013

| | | | | | |
|---|---|---|---|---|---|
| 出票人 | 全　称 | 利拓有限责任公司 | 收款人 | 全　称 | 宏大有限责任公司 |
| | 账　号 | 2300012300325100132 | | 账　号 | 0904021309248180435 |
| | 开户银行 | 中国工商银行芜湖市银杏支行 | | 开户银行 | 中国工商银行佳木斯市东风支行 |
| 金额 | 人民币（大写） | 肆万陆仟捌佰元整 | | 亿千百十万千百十元角分 | ¥4680000 |
| 票据种类 | 银行汇票 | 票据张数 | 1张 | | |
| 票据号码 | | | | | |
| 备注： | | | | | |
| 复核： | 记账： | | 收款人开户银行签章 | | |

中国工商银行佳木斯市东风支行 业务专用章 (1)

175*85mm GH066011

此联是收款人开户银行交给收款人的收账通知

单据 10－14

1800174130　　**黑龙江增值税专用发票**　　№ 00380413　　1800174130 00380413

此联不作报销、扣税凭证使用　　开票日期：2019年12月04日

校验码 12791 30137 92703 71393

| | | | |
|---|---|---|---|
| 购买方 | 名　　称：秋实公司<br>纳税人识别号：658631040021312002<br>地 址、电 话：大连市西岗区大胜街38号 0411-8235166<br>开户行及账号：中国建设银行大连市西岗支行 4016168846080910031 | 密码区 | -65745<19458<3840481700**01<br>5/37503848*7>234504>-00*002<br>2//5>*8574567-7<8*87309-891<br><413-3001152-/7142>>8088023 |

| 货物或应税劳务、服务名称 | 规格型号 | 单位 | 数量 | 单价 | 金额 | 税率 | 税额 |
|---|---|---|---|---|---|---|---|
| *日杂用品*甲产品 | | 件 | 2000 | 150.00 | 300000.00 | 13% | 39000.00 |
| *日杂用品*乙产品 | | 件 | 1000 | 200.00 | 200000.00 | 13% | 26000.00 |
| 合　计 | | | | | ¥500000.00 | | ¥65000.00 |
| 价税合计（大写） | ⊗伍拾陆万伍仟元整 | | | | （小写）¥565000.00 | | |

| | | | |
|---|---|---|---|
| 销售方 | 名　　称：宏大有限责任公司<br>纳税人识别号：23080010004228812N<br>地 址、电 话：佳木斯市郊区机场路66号 0454-8655372<br>开户行及账号：中国工商银行佳木斯市东风支行 0904021309248180435 | 备注 | |

收款人：　　复核：　　开票人：肖芳　　销售方：（章）

税总函〔2015〕562号海南华森实业公司

第一联：记账联　销售方记账凭证

单据 10－15

**出　库　单**

领料车间(部门)：秋实公司　　2019 年 12 月 04 日　　编号：00161

| 产品名称 | 规格 | 计量单位 | 数量 | | 成本 | | 备注 |
|---|---|---|---|---|---|---|---|
| | | | 请领 | 实发 | 单位成本 | 金额 | |
| 甲产品 | | 件 | 2000 | 2000 | 100 | 200000 | 销售 |
| 乙产品 | | 件 | 1000 | 1000 | 150 | 150000 | 销售 |
| | | | | | | | |
| | | | | | | | |
| 合计 | | | | | | 350000 | |

会计联

记账：　　发料：沈健　　领料负责人：张春　　领料：刘淑仁

单据 10－16

# 托收凭证 （受理回单） 1

委托日期 2019年 12月 04日

| | | | | | | | | |
|---|---|---|---|---|---|---|---|---|
| 业务类型 | 委托收款（□邮划、☑电划） 托收承付（□邮划、□电划） | | | | | | | |
| 付款人 | 全称 | 秋实公司 | | 收款人 | 全称 | 宏大有限责任公司 | | |
| | 账号 | 40161688460809100031 | | | 账号 | 0904021309248180435 | | |
| | 地址 | 辽宁 省 大连 市/县 | 开户行 中国建设银行大连市西岗支行 | | 地址 | 黑龙江 省 佳木斯 市/县 | 开户行 中国工商银行佳木斯市东风支行 | |
| 金额 | 人民币（大写） | 伍拾陆万伍仟元整 | | | | 亿千百十万千百十元角分：¥ 5 6 5 0 0 0 0 0 | | |
| 款项内容 | 货款 | 托收凭据名称 | 增值税专用发票 | | | 附寄单证张数 | 1 | |
| 商品发运情况 | 货物已托运 | | 合同名称号码 | | | | | |
| 备注：<br>复核 记账 | | 款项收妥日期<br>年 月 日 | | | | 收款人开户银行签章<br>年 月 日 | | |

此联作收款人开户银行给收款人的受理回单

（印章：中国工商银行佳木斯市东风支行 业务专用章 (1)）

单据 10－17

ICBC 中国工商银行 业务回单（付款）

日期：2019年 12月 05日　　回单编号：1534900002

付款人户名：宏大有限责任公司　　付款人开户行：中国工商银行佳木斯市东风支行

付款人账号（卡号）：0904021309248180435

收款人户名：　　收款人开户行：

收款人账号（卡号）：

金额：柒拾元整　　小写：70.00元

业务（产品）种类：结算业务凭证　凭证种类：000000000　凭证号码：000000000000000000

摘要：购买支票　用途：　币种：人民币

交易机构：0410000292 记账柜员：03741 交易代码：02108 渠道：柜面

产品名称：　费用名称：

应收金额：70.00 实收金额：70.00 收费渠道：

本回单为第一次打印，注意重复 打印日期：2019年 12月 05日 打印柜员：9 验证码：0A8764021006

（印章：中国工商银行佳木斯市东风支行 业务专用章 (1)）

单据 10－18

## 借 款 单

2019 年 12 月 05 日

| 借款部门 | 总经办 | | 姓名 | 宋佳 | | 事由 | 赴北京开会 |
|---|---|---|---|---|---|---|---|
| 借款金额（大写） | | 零万 叁仟 零佰 零拾 零元 零角 零分 ¥3,000.00 | | | | | |
| 领导审批 | 宋佳 | 财务审批 | 王力 | 部门审批 | 张怀生 | 出纳付款 | 肖芳 |
| 借款人 | | 宋佳 | | 备注 | | 现金付讫 | |

单据 10－19

中国工商银行
转账支票存根
30909320
20617230

附加信息

出票日期 2019 年 12 月 06 日

收款人：新意广告公司

金　额：¥2120.00

用　途：制作宣传单

单位主管　　会计

上海金达证券印制有限公司·2012 年印制

单据 10－20

中国工商银行
转账支票存根
30909320
20617230

附加信息

出票日期 2019 年 12 月 06 日

收款人：广浩建筑工程公司

金　额：¥65400.00

用　途：付装修费

单位主管　　会计

上海金达证券印制有限公司·2012 年印制

**单据 10－21**

0019300124 黑龙江增值税专用发票 № 44029202

0019300124
44029202

发票联

校验码 93849 53802 92390 99302

开票日期：2019年12月06日

| 购买方 | | 密码区 |
|---|---|---|
| 名称：宏大有限责任公司<br>纳税人识别号：23080010004228812N<br>地址、电话：佳木斯市郊区机场路66号 0454-8655372<br>开户行及账号：中国工商银行佳木斯市东风支行 0904021309248180435 | | -65745<19458<3840481700**01<br>5/37503848*7>234504>-00*002<br>2//5>*8574567-7<8*87309-891<br><413-3001152-/7142>>8088023 |

| 货物或应税劳务、服务名称 | 规格型号 | 单位 | 数量 | 单价 | 金额 | 税率 | 税额 |
|---|---|---|---|---|---|---|---|
| *建筑服务*粉刷墙壁 | | | | 60000.00 | 60000.00 | 9% | 5400.00 |
| 合计 | | | | | ¥60000.00 | | ¥5400.00 |
| 价税合计（大写） | ⊗陆万伍仟肆佰元整 | | | | （小写）¥65400.00 | | |

| 销售方 | 备注 |
|---|---|
| 名称：广浩建筑工程公司<br>纳税人识别号：912308003787738829<br>地址、电话：佳木斯市郊区长青路999路 0454-87333369<br>开户行及账号：中国工商银行通江支行 6523170050112853344 | 广浩建筑工程公司<br>912308003787738829<br>发票专用章 |

收款人：　复核：　开票人：吴佳佳　销售方：（章）

税总函〔2015〕1562号海南华森实业公司

第三联：发票联　购买方记账凭证

**单据 10－22**

00284934 黑龙江增值税专用发票 № 92385233

00284934
92385233

发票联

校验码 39058 33852 48524 53900

开票日期：2019年12月07日

| 购买方 | | 密码区 |
|---|---|---|
| 名称：宏大有限责任公司<br>纳税人识别号：23080010004228812N<br>地址、电话：佳木斯市郊区机场路66号 0454-8655372<br>开户行及账号：中国工商银行佳木斯市东风支行 0904021309248180435 | | -65745<19458<3840481700**01<br>5/37503848*7>234504>-00*002<br>2//5>*8574567-7<8*87309-891<br><413-3001152-/7142>>8088023 |

| 货物或应税劳务、服务名称 | 规格型号 | 单位 | 数量 | 单价 | 金额 | 税率 | 税额 |
|---|---|---|---|---|---|---|---|
| *纺织专用设备*生产设备 | FDF00093 | 台 | 1 | 600000.00 | 600000.00 | 13% | 78000.00 |
| 合计 | | | | | ¥600000.00 | | ¥78000.00 |
| 价税合计（大写） | ⊗陆拾柒万捌仟元整 | | | | （小写）¥678000.00 | | |

| 销售方 | 备注 |
|---|---|
| 名称：丰盈公司<br>纳税人识别号：912308002209110199<br>地址、电话：佳木斯市郊区长青路73路 0454-87333377<br>开户行及账号：中国工商银行通江支行 6523170050112778899 | 丰盈公司<br>912308002209110199<br>发票专用章 |

收款人：　复核：　开票人：吕静　销售方：（章）

税总函〔2015〕1562号海南华森实业公司

第三联：发票联　购买方记账凭证

**单据 10－23**

## 固定资产验收单

2019 年 12 月 07 日

| | | | | | |
|---|---|---|---|---|---|
| 资产编号 | 201912001 | 资产名称 | 生产设备 | 型号规格 | FDF00093 |
| 供应商名称 | 丰盈公司 | | | | |
| 购入日期 | 2019年12月07日 | 安装完成日期 | 2019年12月07日 | | |
| 金额大写 | 人民币陆拾柒万捌仟元整 | 小写 | ￥678000.00 | | |
| 验收结果 | 合格 | 验收日期 | 2019年12月07日 | | |
| 采购部门 | | 资产管理人 | 沈健 | | |
| 使用部门 | | 财务审核 | 肖芳 | | |
| | | | | | |

备注：
系丰盈公司作为投资投入的生产设备。

**单据 10－24**

中国工商银行
转账支票存根
30909324
01456301

附加信息

出票日期 2019 年 12 月 07 日
收款人：优势有限责任公司
金 额：￥23400.00
用 途：支付货款
单位主管 会计

上海金达证券印制有限公司 · 2012 年印制

**单据 10－25**

1100174130 湖南增值税专用发票 № 00193652

1100174130
00193652

发票联

校验码 12791 30137 92703 71393 开票日期：2019年12月08日

| | | | |
|---|---|---|---|
| 购买方 | 名 称：宏大有限责任公司<br>纳税人识别号：230800100004228812N<br>地 址、电 话：佳木斯市郊区机场路66号 0454-8655372<br>开户行及账号：中国工商银行佳木斯市东风支行 0904021309248180435 | 密码区 | -65745<19458<38404817111112<br>5/37503848*7>234504>-777707<br>2//5>*8574567-7<8*873888878<br><413-3001152-/7142>>8000056 |

| 货物或应税劳务、服务名称 | 规格型号 | 单位 | 数量 | 单价 | 金额 | 税率 | 税额 |
|---|---|---|---|---|---|---|---|
| *化学合成材料*A材料 | | kg | 500 | 20.00 | 10000.00 | 13% | 1300.00 |
| *化学合成材料*B材料 | | kg | 400 | 50.00 | 20000.00 | 13% | 2600.00 |
| 合 计 | | | | | ￥30000.00 | | ￥3900.00 |
| 价税合计（大写） | ⊗叁万叁仟玖佰元整 | | | | （小写）￥33900.00 | | |

| | | | |
|---|---|---|---|
| 销售方 | 名 称：佳木斯市前进建材厂<br>纳税人识别号：458391040022355661<br>地 址、电 话：佳木斯市星谷区红旗中路26号 0731-2236473<br>开户行及账号：中国工商银行佳木斯市荷塘支行 07310240015312355528 | 备注 | |

收款人：张俊 复核：肖玉良 开票人：杨芳 销售方：（章）

第三联：发票联 购买方记账凭证

单据 10－26

## 收料单

供货单位：佳木斯市前进建材厂　　　　编号：0003

发票编号：00193652　　2019 年 12 月 08 日　　仓库：1号

| 材料类别 | 材料编号 | 材料名称 | 规格 | 计量单位 | 数量 | | 金额 | | |
|---|---|---|---|---|---|---|---|---|---|
| | | | | | 应收 | 实收 | 单价 | 买价 | 合计 |
| 主要材料 | 001 | A材料 | | kg | 500 | 500 | 20.00 | 10000.00 | 10000.00 |
| 主要材料 | 002 | B材料 | | kg | 400 | 400 | 50.00 | 20000.00 | 20000.00 |
| | | | | | | | | | |
| | | | | | | | | | |
| | | | | | | | | | |

会计联

会计主管　　会计　　审核　　记账　　收料 沈健

单据 10－27

中国工商银行
转账支票存根
30909320
20617230
附加信息
出票日期2019 年12 月08 日
收款人：佳木斯市前进建材厂
金　额：¥33900.00
用　途：购买材料
单位主管　　会计

上海金达证券印制有限公司 · 2012 年印制

单据 10－28

0298938983　　黑龙江增值税专用发票　　№ 203990392　0298938983　203990392

校验码 83223 00383 73847 85747　　开票日期：2019年12月09日

| 购买方 | 名　　称：宏大有限责任公司<br>纳税人识别号：230800100042288l2N<br>地 址、电 话：佳木斯市郊区机场路66号 0454-8655372<br>开户行及账号：中国工商银行佳木斯市东风支行 0904021309248180435 | 密码区 | -65745<19458<3840481700**01<br>5/37503848*7>234504>-00*002<br>2//5>*8574567-7<8*87309-891<br><413-3001152-/7142>>8088023 |
|---|---|---|---|

| 货物或应税劳务、服务名称 | 规格型号 | 单位 | 数量 | 单价 | 金额 | 税率 | 税额 |
|---|---|---|---|---|---|---|---|
| *设计服务*宣传单 | | | | 2000.00 | 2000.00 | 6% | 120.00 |
| 合计 | | | | | ¥2000.00 | | ¥120.00 |
| 价税合计（大写） | ⊗贰仟壹佰贰拾元整 | | | | （小写）¥2120.00 | | |

| 销售方 | 名　　称：新意广告公司<br>纳税人识别号：912308002209666333<br>地 址、电 话：佳木斯市郊区长青路123路 0454-87333999<br>开户行及账号：中国工商银行通江支行 6523170050112333666 | 备注 | 新意广告公司 912308002209666333 发票专用章 |
|---|---|---|---|

收款人：　　复核：　　开票人：李奇　　销售方（章）

第三联：发票联　购买方记账凭证

单据 10－29

# 电汇凭证

币别：　　2019 年 12月 10日　　流水号：

| 汇款方式 | | ☑普通 | ☐加急 | | |
|---|---|---|---|---|---|
| 汇款人 | 全称 | 宏大有限责任公司 | 收款人 | 全称 | 优艺服装公司 |
| | 账号 | 0904021309248180435 | | 账号 | 6523170050112851122 |
| | 汇出行名称 | 中国工商银行佳木斯市东风支行 | | 汇入行名称 | 中国工商银行通江支行 |
| 金额 | （大写）贰仟柒佰壹拾贰元整 | | 亿千百十万千百十元角分 | ¥271200 | |
| | | | 支付密码 | | |
| | | | 附加信息及用途：货款 | | |
| | | | 客户签章 | | |

中国工商银行佳木斯市东风支行 业务专用章（1）

会计主管　　授权　　复核　　录入

第二联 客户回单

单据 10－30

# 差旅费报销单

报销部门：销售部　　2019 年 12 月 10 日

| 姓名 | | 张超 | 职务 | 销售员 | | 出差事由 | | 去哈尔滨参加洽谈会 | | |
|---|---|---|---|---|---|---|---|---|---|---|
| 出差起止日期自2019年 12月 02日起至2019年 12月 05日共 4天 附单据 3张 | | | | | | | | | | |
| 日期 | | 起讫地点 | 差旅补助 | | | 交通费 | 住宿费 | 会务费 | 其他 | 小计 |
| 月 | 日 | | 天数 | 标准 | 金额 | | | | | |
| 12 | 02 | 佳木斯—哈尔滨 | 1 | 180.00 | 180.00 | 100.00 | | | | 280.00 |
| 12 | 05 | 哈尔滨—佳木斯 | 3 | 180.00 | 540.00 | 100.00 | 450.00 | | | 1090.00 |
| | | | | | | | | | | |
| | | 合计 | | | 720.00 | 200.00 | 450.00 | | | 1370.00 |
| 合计人民币(大写)壹仟叁佰柒拾元整　现金付讫 | | | | | | | | | | |
| 预领金额：1000.00元 | | | 交(退)回金额　元　应补付金额 370.00元 | | | | | | | |

单位负责人：宋佳　　会计主管：王力　　部门主管：王微　　报销人：张超

单据 10－31

## 固定资产盘点表

2019 年　12 月　10 日　　　　单位: 元

| 固定资产类别 | | 固定资产账面情况 | | | | | 存放地点 | 实际负责人 | 盘点结果 | | | | | | |
|---|---|---|---|---|---|---|---|---|---|---|---|---|---|---|---|
| | | 固定资产名称 | 数量 | 单价 | 金额 | 已折旧额 | | | 计量单位 | 数量 | 单价 | 金额 | 盘盈 | 盘亏 | 备注 |
| 生产用 | 在用 | 电脑 | 10 | 4000 | 40000 | 10000 | 办公室 | 李伟 | 台 | 5 | 4000 | 20000 | | √ | 丢失 |
| | 未用 | | | | | | | | | | | | | | |
| | 不需用 | | | | | | | | | | | | | | |
| | 季节性停用 | | | | | | | | | | | | | | |
| 非生产用 | 在用 | | | | | | | | | | | | | | |
| | 未用 | | | | | | | | | | | | | | |
| | 不需用 | | | | | | | | | | | | | | |
| 审批意见: | | | | | | | | | 总经理: | | | | | | |

清查小组签字: 孙凡花　　复核人: 张丽　　填表人: 王杰

单据 10－32

## 收 款 收 据

NO. 01456303

2019 年 12 月 10 日

今 收 到　宏大有限责任公司交来购办公椅款项。

金额(大写)　零 拾　零 万　壹 仟　零 佰　叁 拾　零 元　零 角　零 分

¥ 1,030.00　☑ 现金　□ 支票　□ 信用卡　□ 其他　收款单位(盖章)

文华办公用品有限公司 财务专用章

核准　会计　记账　出纳 小王　经手人

第二联 收据联

单据 10－33

**黑龙江增值税普通发票**

1100174330

№ 00180129　1100174330　00180129

发票联

开票日期：2019年12月10日

校验码 12791 30137 92703 71393

| 购买方 | |  |  |
|---|---|---|---|
| 名　　称：宏大有限责任公司 | | 密码区 | -65745<19458<38404817111135 |
| 纳税人识别号：23080010004228812N | | | 5/37503848*7>234504>-777707 |
| 地址、电话：佳木斯市郊区机场路66号 0454-8655372 | | | 2//5>*8574567-7<8*873888878 |
| 开户行及账号：中国工商银行佳木斯市东风支行 0904021309248180435 | | | <413-3001152-/7142>>8000055 |

| 货物或应税劳务、服务名称 | 规格型号 | 单位 | 数量 | 单价 | 金额 | 税率 | 税额 |
|---|---|---|---|---|---|---|---|
| *商用设备*办公椅 | | 把 | 10 | 100.00 | 1000.00 | 3% | 30.00 |
| 合　　计 | | | | | ¥1000.00 | | ¥30.00 |
| 价税合计（大写） | ⊗壹仟零叁拾元整 | | | | （小写）¥1030.00 | | |

| 销售方 | 备注 |
|---|---|
| 名　　称：文华办公用品公司 | |
| 纳税人识别号：25829104002083277N | |
| 地址、电话：佳木斯市前进区长安路35号 0454-8677236 | |
| 开户行及账号：中国建设银行佳木斯市前进支行 0904022309248180321 | |

收款人：王微　　复核：小芳　　开票人：尹明　　销售方：（章）

文华办公用品公司 25829104002083277N 发票专用章

第二联：发票联　购买方记账凭证

单据 10－34

## 收料单

供货单位：文华办公用品公司　　　　编号：0002

发票编号：00180129　　2019 年 12 月 10 日　　仓库：1号

| 材料类别 | 材料编号 | 材料名称 | 规格 | 计量单位 | 数量 | | 金额 | | |
|---|---|---|---|---|---|---|---|---|---|
| | | | | | 应收 | 实收 | 单价 | 买价 | 合计 |
| 周转材料 | 005 | 办公椅 | | 把 | 10 | 10 | 100.00 | 1000.00 | 1000.00 |
| | | | | | | | | | |
| | | | | | | | | | |
| | | | | | | | | | |
| | | | | | | | | | |

会计联

会计主管　　会计　　审核　　记账　　收料 沈健

单据 10－35

1800174134 **黑龙江增值税专用发票** № 00180438

1800174134
00180438

发票联

校验码 12791 30137 92703 71393

开票日期：2019年12月16日

| | | | | | | | |
|---|---|---|---|---|---|---|---|
| 购买方 | 名称：宏大有限责任公司<br>纳税人识别号：23080010004228812N<br>地址、电话：佳木斯市郊区机场路66号 0454-8655372<br>开户行及账号：中国工商银行佳木斯市东风支行 0904021309248180435 | | | | 密码区 | -65745<19458<38404817000004<br>5/37503848*7>234504>-000023<br>2//5>*8574567-7<8*873000026<br><413-3001152-/7142>>8000003 | |
| 货物或应税劳务、服务名称 | 规格型号 | 单位 | 数量 | 单价 | 金额 | 税率 | 税额 |
| *化学合成材料*A材料 | | kg | 500 | 20.00 | 10000.00 | 13% | 1300.00 |
| *化学合成材料*B材料 | | kg | 1000 | 50.00 | 50000.00 | 13% | 6500.00 |
| 合计 | | | | | ¥60000.00 | | ¥7800.00 |
| 价税合计（大写） | ⊗陆万柒仟捌佰元整 | | | | （小写）¥67800.00 | | |
| 销售方 | 名称：新时尚有限责任公司<br>纳税人识别号：258291040021366089<br>地址、电话：佳木斯市东风区建国路22号 0454-8677888<br>开户行及账号：中国建设银行佳木斯市东风支行 0904023092481805342 | | | | 备注 | | |

收款人： 复核： 开票人：刘坤 销售方：（章）

税总函〔2015〕562号海南华森实业公司

第三联：发票联 购买方记账凭证

新时尚有限责任公司 258291040021366089 发票专用章

单据 10－36

## 收料单

供货单位：新时尚有限责任公司　　编号：057

发票编号：00180438　　2019 年 12 月 11 日　　仓库：1号仓

| 材料类别 | 材料编号 | 材料名称 | 规格 | 计量单位 | 数量 | | 金额 | | |
|---|---|---|---|---|---|---|---|---|---|
| | | | | | 应收 | 实收 | 单价 | 买价 | 合计 |
| 主要材料 | 001 | A材料 | | kg | 500 | 500 | 20.00 | 10000.00 | 10000.00 |
| 主要材料 | 002 | B材料 | | kg | 1000 | 1000 | 50.00 | 50000.00 | 50000.00 |
| | | | | | | | | | |
| | | | | | | | | | |
| | | | | | | | | | ¥60000.00 |

会计联

会计主管　　会计　　审核　　记账　　收料 沈健

单据 10－37

## 中国工商银行信汇凭证（回单）　　1

委托日期2019年12月11日

| | | | | | |
|---|---|---|---|---|---|
| 汇款人 | 全　称 | 宏大有限责任公司 | 收款人 | 全　称 | 新时尚有限责任公司 |
| | 账　号 | 0904021309248180435 | | 账　号 | 0904023092481805342 |
| | 汇出地点 | 黑龙江　省佳木斯　市/县 | | 汇入地点 | 黑龙江　省佳木斯　市/县 |
| 汇出行名称 | | 中国工商银行佳木斯市东风支行 | 汇入行名称 | | 中国建设银行佳木斯市东风支行 |
| 金额 | 人民币（大写） | 陆万柒仟捌佰元整 | 亿千百十万千百十元角分 | | ¥ 6 7 8 0 0 0 0 |
| 汇出行签章 | | | 支付密码 | | |
| | | | 附加信息及用途： | | 中国工商银行佳木斯市东风支行 业务专用章（1） |

此联汇出行给汇款人的回单

单据 10－38

3849203851　　**黑龙江增值税专用发票**　　№ 00830820　　3849203851 00830820

发票联

校验码 38492 38304 29342 92234　　开票日期：2019年12月11日

| | | | | | | | |
|---|---|---|---|---|---|---|---|
| 购买方 | 名　称：宏大有限责任公司<br>纳税人识别号：23080010004228812N<br>地址、电话：佳木斯市郊区机场路66号 0454-8655372<br>开户行及账号：中国工商银行佳木斯市东风支行 0904021309248180435 | | | 密码区 | -65745<19458<3840481700**01<br>5/37503848*7>234504>-00*002<br>2//5>*8574567-7<8*87309-891<br><413-3001152-/7142>>8088023 | | |
| 货物或应税劳务、服务名称 | 规格型号 | 单位 | 数量 | 单价 | 金额 | 税率 | 税额 |
| *化学合成材料*A材料 | | kg | 480 | 20.00 | 9600.00 | 13% | 1248.00 |
| 合　计 | | | | | ¥9600.00 | | ¥1248.00 |
| 价税合计（大写） | ⊗壹万零捌佰肆拾捌元整 | | | | （小写）¥10848.00 | | |
| 销售方 | 名　称：浩源公司<br>纳税人识别号：258291040021A9090A<br>地址、电话：佳木斯市东风区建国路7号 0454-8677800<br>开户行及账号：中国建设银行佳木斯市东风支行 0904023092481800001 | | | 备注 | 浩源公司 258291040021A9090A 发票专用章 | | |

收款人：　　复核：　　开票人：　　销售方：（章）

第三联：发票联　购买方记账凭证

税总函［2015］562号海南华森实业公司

单据 10－39

## 收料单

供货单位: 浩源公司　　　　　　　　　　　　编号: 056

发票编号: 00830820　　　2019 年 12 月 11 日　　　仓库: 1号仓

| 材料类别 | 材料编号 | 材料名称 | 规格 | 计量单位 | 数量 | | 金额 | | |
|---|---|---|---|---|---|---|---|---|---|
| | | | | | 应收 | 实收 | 单价 | 买价 | 合计 |
| 主要材料 | 001 | A材料 | | kg | 480 | 480 | 20.00 | 9600.00 | 9600.00 |
| | | | | | | | | | |
| | | | | | | | | | |
| | | | | | | | | | |
| | | | | | | | | | |

会计联

会计主管　　会计　　审核　　记账　　收料

单据 10－40

ICBC 中国工商银行　业务回单（收款）

日期： 2019年 12月 12日　　回单编号： 1534900002

付款人户名： 广东永鑫公司　　付款人开户行： 中国工商银行广州分行

付款人账号（卡号）： 8298829009819100038

收款人户名： 宏大有限责任公司　　收款人开户行： 中国工商银行佳木斯市东风支行

收款人账号（卡号）： 0904021309248180435

金额： 伍仟元整　　小写： 5000.00元

业务（产品）种类：　　凭证种类： 0000000000000　　凭证号码： 000000000000000000

摘要： 预付货款　　用途：　　币种：

交易机构： 0410000292　记账柜员： 03741　交易代码： 02108　渠道： 柜面

产品名称：　　费用名称：

应收金额：　　实收金额：　　收费渠道：

本回单为第一次打印，注意重复　打印日期： 2019年 12月 12日　打印柜员： 9　验证码： 0A87640EF006

中国工商银行佳木斯市东风支行 业务专用章 (1)

单据 10－41

0035562200 **黑龙江增值税专用发票** №830484920

0035562200
830484920

发 票 联

校验码 35452 4669 45668 36576 开票日期：2019年12月12日

| | | | |
|---|---|---|---|
| 购买方 | 名 称：宏大有限责任公司<br>纳税人识别号：23080010004228812N<br>地 址、电 话：佳木斯市郊区机场路66号 0454-8655372<br>开户行及账号：中国工商银行佳木斯市东风支行 0904021309248180435 | 密码区 | -65745<19458<3840481700**01<br>5/37503848*7>234504>-00*002<br>2//5>*8574567-7<8*87309-891<br><413-3001152-/7142>>8088023 |

| 货物或应税劳务、服务名称 | 规格型号 | 单位 | 数量 | 单价 | 金额 | 税率 | 税额 |
|---|---|---|---|---|---|---|---|
| *供电*电费 | | | | 7964.60 | 7964.60 | 13% | 1035.40 |
| 合 计 | | | | | ￥7964.60 | | ￥1035.40 |
| 价税合计（大写） | ⊗玖仟元整 | | | | （小写）￥9000.00 | | |

| | | | |
|---|---|---|---|
| 销售方 | 名 称：佳木斯市电业局<br>纳税人识别号：258291040021RT5643<br>地 址、电 话：佳木斯市东风区永恒路88号 0454-8633567<br>开户行及账号：中国建设银行佳木斯市东风支行 0904023092481800996 | 备注 | |

收款人： 复核： 开票人：齐全 销售方：（章）

佳木斯市电业局 258291040021RT5643 发票专用章

第三联：发票联 购买方记账凭证

税总函〔2015〕562号海南华森实业公司

单据 10－42

中国工商银行
转账支票存根
30909320
20617230

附加信息

出票日期2019年12月12日

收款人：佳木斯市电业局

金 额：￥9000.00

用 途：预存电费

单位主管 会计

上海金达证券印制有限公司·2012年印制

单据 10－43

## 差旅费报销单

报销部门：总经办　　　　2019 年　12 月　13 日　　　　现金收讫

| 姓名 | | 宋佳 | 职务 | | 总经理 | 出差事由 | | 去北京开会 | | |
|---|---|---|---|---|---|---|---|---|---|---|
| 出差起止日期自2019年　12月　07日起至2019年　12月　11日共　5天　附单据　3张 | | | | | | | | | | |
| 日期 | | 起讫地点 | 差旅补助 | | | 交通费 | 住宿费 | 会务费 | 其他 | 小计 |
| 月 | 日 | | 天数 | 标准 | 金额 | | | | | |
| 12 | 07 | 佳木斯－北京 | 2 | 180.00 | 360.00 | 450.00 | | | | 810.00 |
| 12 | 11 | 北京－佳木斯 | 3 | 180.00 | 540.00 | 450.00 | 100.00 | 980.00 | | 2070.00 |
| | | | | | | | | | | |
| | | 合计 | | | 900.00 | 900.00 | 100.00 | 980.00 | | 2880.00 |
| 合计人民币(大写) | | | | | | | | | | |
| 预领金额：3000.00元 | | | | 交(退)回金额　120.00元　应补付金额　　元 | | | | | | |

单位负责人：宋佳　　　会计主管：王力　　　部门主管：常英俊　　　报销人：常英俊

单据 10－44

## 收款收据

NO.1210002

2019 年 12 月 13 日

今收到 总经理宋佳出差余款

金额（大写） 零佰 零拾 零万 零仟 壹佰 贰拾 零元 零角 零分

¥ 120.00　　☑现金　☐支票　☐信用卡　☐其他　　收款单位（盖章）现金收讫

第三联会计联

核准　　会计　　记账　　出纳肖芳　　经手人宋佳

单据 10－45

中国工商银行
转账支票存根
30909324
01456306

附加信息

出票日期2019年12月13日

收款人：浩源公司

金额：¥10848.00

用途：支付货款

单位主管　　会计

上海金达证券印制有限公司·2012年印制

单据 10－46

1800174138　　**广东增值税专用发票**　　№ 00193531　　1800174138　00193531

发票联

校验码 12791 30137 92703 71393　　　　开票日期：2019年12月14日

| 购买方 | | 密码区 | |
|---|---|---|---|
| 名　　称 | 宏大有限责任公司 | | -65745<19458<38404817111113 |
| 纳税人识别号 | 23080010004228812N | | 5/37503848*7>234504>-777756 |
| 地址、电话 | 佳木斯市郊区机场路66号 0454-8655372 | | 2//5>*8574567-7<8*873888810 |
| 开户行及账号 | 中国工商银行佳木斯市东风支行 0904021309248180435 | | <413-3001152-/7142>>8000052 |

| 货物或应税劳务、服务名称 | 规格型号 | 单位 | 数量 | 单价 | 金额 | 税率 | 税额 |
|---|---|---|---|---|---|---|---|
| *专用设备*加工设备 | P-JW | 台 | 1 | 200000.00 | 200000.00 | 13% | 26000.00 |
| 合　　计 | | | | | ￥200000.00 | | ￥26000.00 |
| 价税合计（大写） | ⊗贰拾贰万陆仟元整 | | | | （小写）￥226000.00 | | |

| 销售方 | | 备注 |
|---|---|---|
| 名　　称 | 顺德机械制造厂 | |
| 纳税人识别号 | 458391040021556441 | |
| 地址、电话 | 佛山市荷塘区前进路22号 0731-2236559 | |
| 开户行及账号 | 中国工商银行佛山市荷塘支行 0731024001677213882 | |

收款人：　　复核：　　开票人：李宁　　销售方：（章）

（印章：顺德机械制造厂 458391040021556441 发票专用章）

第三联：发票联　购买方记账凭证

税总函〔2015〕561号海南华森实业公司

单据 10－47

**电　汇　凭　证**

币别：人民币　　　　2019 年 12月 14日　　　　流水号：

| 汇款方式 | ☑普通　☐加急 | | |
|---|---|---|---|
| 汇款人 全　　称 | 宏大有限责任公司 | 收款人 全　　称 | 顺德机械制造厂 |
| 账　　号 | 0904021309248180435 | 账　　号 | 0731024001677213882 |
| 汇出行名称 | 中国工商银行佳木斯市东风支行 | 汇入行名称 | 中国工商银行佛山市荷塘支行 |
| 金额 | （大写）贰拾贰万陆仟元整 | 亿千百十万千百十元角分 | ￥22600000 |

支付密码

附加信息及用途：货款

（印章：中国工商银行佳木斯市东风支行 业务专用章 (1)）

客户签章

会计主管　　授权　　复核　　录入

第二联　客户回单

**单据 10－48**

## 固定资产验收单

2019 年 12 月 14 日

| 资产编号 | 110212 | 资产名称 | 生产设备 | 型号规格 | P-JW |
|---|---|---|---|---|---|
| 供应商名称 | 顺德机械制造厂 | | | | |
| 购入日期 | 2019年12月14日 | 安装完成日期 | 2019年12月14日 | | |
| 金额大写 | 贰拾万元整 | 小写 | 200000.00 | | |
| 验收结果 | 合格 | 验收日期 | 2019年12月14日 | | |
| 采购部门 | | 资产管理人 | 赵兵 | | |
| 使用部门 | 生产部 | 财务审核 | 王力 | | |
| | | | | | |
| 备注： | | | | | |

**单据 10－49**

## 关于盘亏财产的处理意见

我公司发现电脑丢失5台，净值15000元，经查属管理不善所致。应由夜间值班人员李伟赔偿500元，其余损失由公司承担。

宏大有限责任公司

2019年12月14日

**单据 10－50**

1800174130　**黑龙江增值税专用发票**　№ 00380414

1800174130
00380414

此联不作报销、扣税凭证使用

校验码 12791 30137 92703 71393　开票日期：2019年12月15日

| | | | | | | | |
|---|---|---|---|---|---|---|---|
| 购买方 | 名称：广东永鑫公司<br>纳税人识别号：913502062830039403<br>地址、电话：广东省广州市白云区鑫顺街2号 020-83894889<br>开户行及账号：中国工商银行广州分行 8298829009819100038 | | | 密码区 | -65745<19458<38404817000034<br>5/37503848*7>234504>-000089<br>2//5>*8574567-7<8*873000007<br><413-3001152-/7142>>8000024 | | |
| 货物或应税劳务、服务名称 | 规格型号 | 单位 | 数量 | 单价 | 金额 | 税率 | 税额 |
| *日杂用品*甲产品 | | 件 | 200 | 150.00 | 30000.00 | 13% | 3900.00 |
| 合计 | | | | | ¥30000.00 | | ¥3900.00 |
| 价税合计（大写） | ⊗叁万叁仟玖佰元整 | | | | （小写）¥33900.00 | | |
| 销售方 | 名称：宏大有限责任公司<br>纳税人识别号：23080010004228812N<br>地址、电话：佳木斯市郊区机场路66号 0454-8655372<br>开户行及账号：中国工商银行佳木斯市东风支行 0904021309248180435 | | | 备注 | | | |

收款人：　复核：　开票人：赵海英　销售方：（章）

税总函〔2015〕562号海南华森实业公司

第一联：记账联　销售方记账凭证

单据 10－51

## 出 库 单

领料车间(部门): 广东永鑫公司　　2019 年 12 月 15 日　　编号: 00162

| 产品名称 | 规格 | 计量单位 | 数量 | | 成本 | | 备注 |
|---|---|---|---|---|---|---|---|
| | | | 请领 | 实发 | 单位成本 | 金额 | |
| 甲产品 | | 件 | 200 | 200 | 150.00 | 30000.00 | |
| | | | | | | | |
| | | | | | | | |
| | | | | | | | |
| 合计 | | | | | | ￥30000.00 | |

会计联

记账:　　发料: 沈健　　领料负责人: 张春　　领料: 刘淑仁

单据 10－52

## ICBC 中国工商银行　进账单(收账通知) 3

2019 年 12 月 15 日　　№ 129801000

| | | | | | |
|---|---|---|---|---|---|
| 出票人 | 全称 | 广东永鑫公司 | 收款人 | 全称 | 宏大有限责任公司 |
| | 账号 | 8298829009819100038 | | 账号 | 0904021309248180435 |
| | 开户银行 | 中国工商银行广州分行 | | 开户银行 | 中国工商银行佳木斯市东风支行 |

| 金额 | 人民币(大写) 叁万叁仟玖佰元整 | 亿 | 千 | 百 | 十 | 万 | 千 | 百 | 十 | 元 | 角 | 分 |
|---|---|---|---|---|---|---|---|---|---|---|---|---|
| | | | | | ￥ | 3 | 3 | 9 | 0 | 0 | 0 | 0 |

| | | | |
|---|---|---|---|
| 票据种类 | 转账支票 | 票据张数 | 1张 |
| 票据号码 | | | |

备注:

复核:　　记账:

中国工商银行佳木斯市东风支行 业务专用章 (1)

收款人开户银行签章

175*85mm GH066011

此联是收款人开户银行交给收款人的收账通知

单据 10－53

## 领 料 单

领料部门: 生产车间

用　途: 生产甲产品　　2019 年 12 月 16 日　　第 001 号

| 材料 编号 | 材料 名称 | 材料 规格 | 单位 | 数量 请领 | 数量 实发 | 成本 单价 | 总价 百 | 十 | 万 | 千 | 百 | 十 | 元 | 角 | 分 |
|---|---|---|---|---|---|---|---|---|---|---|---|---|---|---|---|
| 001 | A材料 | | kg | 5000 | 5000 | 20.00 | | 1 | 0 | 0 | 0 | 0 | 0 | 0 | 0 |
| 002 | B材料 | | kg | 2000 | 2000 | 50.00 | | 1 | 0 | 0 | 0 | 0 | 0 | 0 | 0 |
| | | | | | | | | | | | | | | | |
| | | | | | | | | | | | | | | | |
| 合计 | | | | 7000 | 7000 | | ￥ | 2 | 0 | 0 | 0 | 0 | 0 | 0 | 0 |

会计联

部门经理: 张小刚　　会计:　　仓库: 沈健　　经办人: 赵兵

单据 10－54

中国工商银行
转账支票存根
30909324
01456304

附加信息

出票日期 2019 年 12 月 16 日
收款人：庆华有限责任公司
金　额：¥150000.00
用　途：发放职工工资
单位主管　　会计

上海金达证券印制有限公司・2012 年印制

单据 10－55

2019年12月工资发放表

| 序号 | 姓名 | 岗位工资 | 奖金 | 应发工资 | 扣款 | 实发 |
|---|---|---|---|---|---|---|
| 1 | 张会有 | 2900.00 | 1500.00 | 4400.00 | 略 | 4400.00 |
| 2 | 王华 | 1000.00 | 500.00 | 1500.00 | | 1500.00 |
| 3 | 高歌 | 1500.00 | 500.00 | 2000.00 | | 2000.00 |
| 4 | 李秋红 | 1300.00 | 1000.00 | 2300.00 | | 2300.00 |
| … | … | … | … | … | … | … |
| 96 | 赵小兵 | 900.00 | 300.00 | 1200.00 | | 1200.00 |
| 合计 | | 82000.00 | 68000.00 | 150000.00 | | 150000.00 |

单据 10－56

企业人员工资代发凭证

| 工资款项 | 职工人数 | 岗位工资 | 奖金 | 应发工资 | 扣款 | 实发 |
|---|---|---|---|---|---|---|
| 合计 | 72 | 82000.00 | 68000.00 | 150000.00 | | 150000.00 |

中国工商银行佳木斯市东风支行
业务专用章
(1)

单据 10－57

1100321829　　黑龙江增值税专用发票　　№ 00182328　　1100321829　00182328

发票联

校验码 12397 39113 91713 71391　　开票日期：2019年12月16日

| | | | | | | | |
|---|---|---|---|---|---|---|---|
| 购买方 | 名称：宏大有限责任公司<br>纳税人识别号：23080010004228812N<br>地址、电话：佳木斯市郊区机场路66号 0454-8655372<br>开户行及账号：中国工商银行佳木斯市东风支行 0904021309248180435 | | | | 密码区 | -65745<19458<3840481700**02<br>5/37503848*7>234504>-00*001<br>2//5>*8574567-7<8*87309-007<br><413-3001152-/7142>>8088011 | |
| 货物或应税劳务、服务名称 | 规格型号 | 单位 | 数量 | 单价 | 金额 | 税率 | 税额 |
| *化学合成材料*A材料 | | kg | 500 | 20.00 | 10000.00 | 13% | 1300.00 |
| 合计 | | | | | ¥10000.00 | | ¥1300.00 |
| 价税合计（大写） | ⊗壹万壹仟叁佰元整 | | | | （小写）¥11300.00 | | |
| 销售方 | 名称：佳木斯市前进建材厂<br>纳税人识别号：458391040022355661<br>地址、电话：佳木斯市星谷区红旗中路26号 0454-2236473<br>开户行及账号：中国工商银行佳木斯市荷塘支行 0731024001531235528 | | | | 备注 | | |

收款人：　　复核：　　开票人：陈辰　　销售方：（章）

（印章：佳木斯市前进建材厂 258291040021366089 发票专用章）

第三联：发票联 购买方记账凭证

税总函〔2015〕562号海南华森实业公司

单据 10－58

中国工商银行
转账支票存根
30909320
20617230

附加信息

出票日期 2019 年 12 月 16 日

收款人：佳木斯市前进建材厂
金　额：¥11300.00
用　途：支付货款

单位主管　　会计

上海金达证券印制有限公司·2012年印制

单据 10－59

中国工商银行
转账支票存根
30909320
20617230

附加信息

出票日期 2019 年 12 月 17 日

收款人：洪丰有限责任公司
金　额：¥58500.00
用　途：偿还货款

单位主管　　会计

上海金达证券印制有限公司·2012年印制

单据 10－60

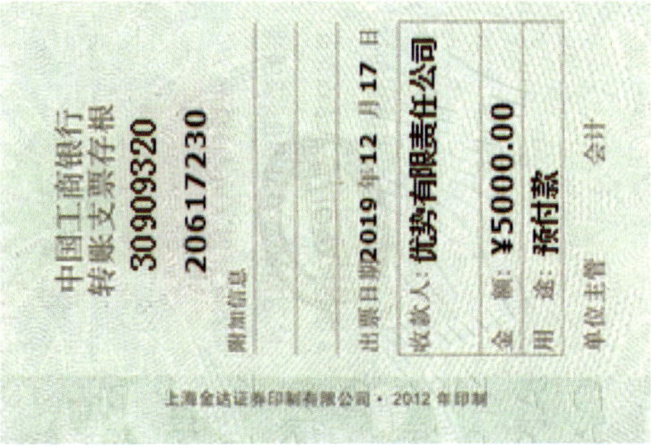

中国工商银行
转账支票存根
30909320
20617230

附加信息

出票日期2019年12月17日

收款人：优势有限责任公司

金　额：¥5000.00

用　途：预付款

单位主管　　会计

上海金达证券印制有限公司·2012年印制

单据 10－61

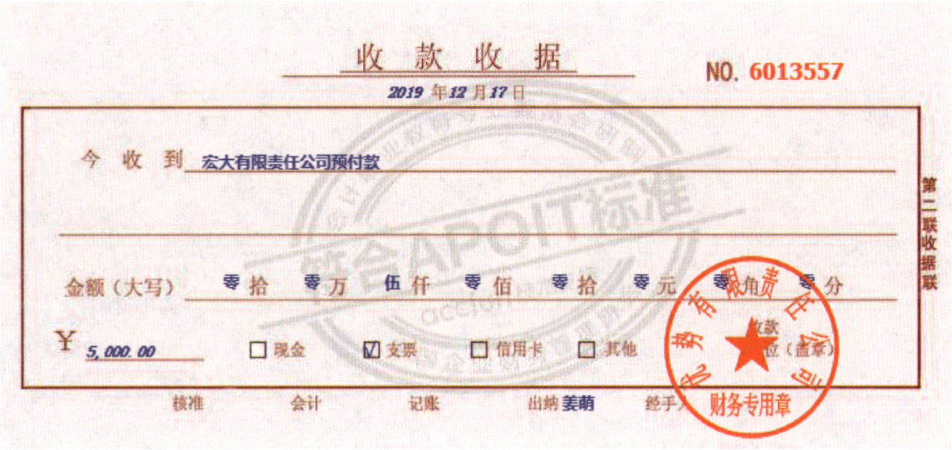

收　款　收　据　　　NO. 6013557

2019年12月17日

今　收　到　宏大有限责任公司预付款

金额（大写）零拾零万伍仟零佰零拾零元零角零分

¥5,000.00　　□现金　☑支票　□信用卡　□其他　　收款单位（盖章）

核准　　会计　　记账　　出纳 姜萌　　经手人

优势有限责任公司 财务专用章

第二联收据联

单据 10－62

## 收料单

供货单位：佳木斯市前进建材厂　　　　编号：0004

发票编号：00180438　　2019年 12月 18日　　　　仓库：1号

| 材料类别 | 材料编号 | 材料名称 | 规格 | 计量单位 | 数量 | | 金额 | | |
|---|---|---|---|---|---|---|---|---|---|
| | | | | | 应收 | 实收 | 单价 | 买价 | 合计 |
| 主要材料 | 001 | A材料 | | kg | 500 | 500 | 20 | 10000 | 10000 |
| | | | | | | | | | |
| | | | | | | | | | |
| | | | | | | | | | |
| | | | | | | | | | |

会计联

会计主管　　会计　　审核　　记账　　收料 沈健

单据 10－63

黑龙江增值税专用发票

0090747972　　№ 22859930　　0090747972　22859930

校验码 88397 93204 40585 83933　　开票日期：2019年12月18日

购买方　名称：宏大有限责任公司
纳税人识别号：23080010004228812N
地址、电话：佳木斯市郊区机场路66号 0454-8655372
开户行及账号：中国工商银行佳木斯市东风支行 0904021309248180435

密码区：-65745<19458<3840481700**01 5/37503848*7>234504>-00*002 2//5>*8574567-7<8*87309-891 <413-3001152-/7142>>8088023

| 货物或应税劳务、服务名称 | 规格型号 | 单位 | 数量 | 单价 | 金额 | 税率 | 税额 |
|---|---|---|---|---|---|---|---|
| *设计服务*名片 | | | | 100.00 | 100.00 | 6% | 6.00 |
| 合计 | | | | | ¥100.00 | | ¥6.00 |

价税合计（大写）⊗壹佰零陆元整　　（小写）¥106.00

销售方　名称：新意广告公司
纳税人识别号：912308002209666333
地址、电话：佳木斯市郊区长青路123路 0454-87333999
开户行及账号：中国工商银行通江支行 6523170050112333666

备注

收款人：　　复核：　　开票人：小强　　销售方：（章）新意广告公司 912308002209666333 发票专用章

第三联：发票联　购买方记账凭证

单据 10－64

中国工商银行
转账支票存根
30909324
01456316
附加信息
出票日期2019年12月19日
收款人：中国财产保险股份有限公司佳西分公司
金额：¥31800.00
用途：支付财产保险费
单位主管　　会计

上海金达证券印制有限公司・2012年印制

单据 10－65

黑龙江增值税专用发票

1800174123　　№ 11800840　　1800174123　11800840

校验码 12791 30137 92703 71393　　开票日期：2019年12月19日

购买方　名称：宏大有限责任公司
纳税人识别号：23080010004228812N
地址、电话：佳木斯市郊区机场路66号 0454-8655372
开户行及账号：中国工商银行佳木斯市东风支行 0904021309248180435

密码区：-65745<19458<38404817111132 5/37503848*7>234504>-777705 2//5>*8574567-7<8*873888867 <413-3001152-/7142>>8000094

| 货物或应税劳务、服务名称 | 规格型号 | 单位 | 数量 | 单价 | 金额 | 税率 | 税额 |
|---|---|---|---|---|---|---|---|
| *保险服务*保险费 | | | | 30000.00 | 30000.00 | 6% | 1800.00 |
| 合计 | | | | | ¥30000.00 | | ¥1800.00 |

价税合计（大写）⊗叁万壹仟捌佰元整　　（小写）¥31800.00

销售方　名称：中国财产保险股份有限公司佳西分公司
纳税人识别号：230800100023956690
地址、电话：佳木斯市前进区和平路69号 0454-8676251
开户行及账号：中国建设银行佳木斯市前进支行 0904022309248116801

备注：略

收款人：　　复核：　　开票人：李春春　　销售方：（章）中国财产保险股份有限公司佳西分公司 230800100023956690 发票专用章

第三联：发票联　购买方记账凭证

单据 10－66

中国工商银行
转账支票存根
30909324
01456308

附加信息

出票日期2019年12月19日
收款人：黑龙江省财政厅财政性资金
金　额：¥1000.00
用　途：违章罚款
单位主管　　会计

上海金达证券印制有限公司·2012年印制

单据 10－67

## 政府非税收入专用票据

No.:6013557

注册号码：财[黑　]票字第　号

票据类型：
数字指纹：

2019年　12月　19日

| 缴款单位(或缴款人) | 宏大有限责任公司 | 执收单位编码 | 238901 | 收费许可证003　字第290016　号 | |
|---|---|---|---|---|---|
| 项目编码 | 收　费　项　目 | 计费数量 | 收费标准 | 金　额 | 备　注 |
| | 罚款本金 | 1 | 1,000.00 | 1,000.00 | |
| | 滞纳金 | 0 | 0.00 | 0.00 | |
| 人民币(大写)合计：壹仟元整 | | | | ¥:1,000.00 | |

收费单位(公章)：　　开票卡号：　　收款人：李宏　　开票人：

第二联：收据

电脑打印　手写无效

单据 10－68

中国工商银行
转账支票存根
30909324
01456309

附加信息

出票日期2019年12月20日
收款人：新创广告有限公司
金　额：¥5300.00
用　途：支付广告费
单位主管　　会计

上海金达证券印制有限公司·2012年印制

**单据 10－69**

1100362112　　黑龙江增值税专用发票　　№ 28129201　　1100362112 28129201

发票联

校验码 12397 79132 13921 32917　　开票日期：2019年12月20日

| | | | | | | | |
|---|---|---|---|---|---|---|---|
| 购买方 | 名　　称：宏大有限责任公司<br>纳税人识别号：23080010004228812N<br>地址、电话：佳木斯市郊区机场路66号 0454-8655372<br>开户行及账号：中国工商银行佳木斯市东风支行 0904021309248180435 | | | | 密码区 | -65745<19458<3840481700**06<br>5/37503848*7>234504>-00*002<br>2//5>*8574567-7<8*87309-009<br><413-3001152-/7142>>8088001 | |
| 货物或应税劳务、服务名称 | 规格型号 | 单位 | 数量 | 单价 | 金额 | 税率 | 税额 |
| *文化创意服务*广告费 | | | 1 | 5000.00 | 5000.00 | 6% | 300.00 |
| 合　　计 | | | | | ¥5000.00 | | ¥300.00 |
| 价税合计（大写） | ⊗伍仟叁佰元整 | | | | （小写）¥5300.00 | | |
| 销售方 | 名　　称：新创广告有限公司<br>纳税人识别号：230800105611789156<br>地址、电话：佳木斯市郊区机场路233号 0454-8633218<br>开户行及账号：中国工商银行佳木斯市前进支行 0904022378125677116 | | | | 备注 | 新创广告有限公司 230800105611789156 发票专用章 | |

收款人：　　复核：　　开票人：林雪玲　　销售方：（章）

第三联：发票联　购买方记账凭证

**单据 10－70**

黑龙江过路过桥发票

黑龙江省

贰佰元整

注册号码：黑财（2019）票字第20号

出口：佳木斯　　入口：哈尔滨

车型/重量：A客　　金额¥：200.00

超限比例：　　工号：220101

时间：2019-12-04 16:45

打印号：0783998433434

No：91492170

单据 10－71

ICBC 中国工商银行 业务回单（收款）

日期： 2019年 12月 21日　　回单编号：1534900002

付款人户名：　　付款人开户行：

付款人账号（卡号）：

收款人户名：宏大有限责任公司　　收款人开户行：中国工商银行佳木斯市东风支行

收款人账号（卡号）： 0904021309248180435

金额：柒仟元整　　小写： 7000.00元

业务（产品）种类：结算业务凭证　凭证种类：000000000　凭证号码：000000000000000000

摘要：存款利息　　用途：　　币种：人民币

交易机构：0410000292　记账柜员：03741　交易代码：02108　渠道：柜面

起息日期：20190920　止息日期：20191220　利率：　利息：

计息账户账号： 0904021309248180435

本回单为第一次打印，注意重复　打印日期： 2019年 12月 21日　打印柜员：9　验证码：

中国工商银行佳木斯市东风支行 业务专用章 (1)

单据 10－72

**电 汇 凭 证**

币别：　　2019 年 12月 22日　　流水号：

| 汇款方式 | ☑普通 | | ☐加急 | |
|---|---|---|---|---|
| 汇款人 全称 | 宏大有限责任公司 | 收款人 | 全称 | 北京鑫华公司 |
| 汇款人 账号 | 0904021309248180435 | 收款人 | 账号 | 0904023092481805342 |
| 汇款人 汇出行名称 | 中国工商银行佳木斯市东风支行 | 收款人 | 汇入行名称 | 中国建设银行北京市海淀区支行 |
| 金额 | （大写）人民币叁万叁仟伍佰陆拾壹元整 | | 亿千百十万千百十元角分 | ¥3356100 |
| | | | 支付密码 | |
| | | | 附加信息及用途：货款 | |
| | | | 客户签章 | |

第二联 客户回单

会计主管　　授权　　复核　　录入

中国工商银行佳木斯市东风支行 业务专用章 (1)

单据 10－73

1800174134　黑龙江增值税专用发票　№ 00180426　1800174134 00180426

校验码 12791 30137 92703 71393　　开票日期：2019年12月22日

| 购买方 | 名称：宏大有限责任公司<br>纳税人识别号：23080010004228812N<br>地址、电话：佳木斯市郊区机场路66号 0454-8655372<br>开户行及账号：中国工商银行佳木斯市东风支行 0904021309248180435 | 密码区 | -65745<19458<38404817000006<br>5/37503848*7>234504>-000006<br>2//5>*8574567-7<8*873000007<br><413-3001152-/7142>>8000008 |
|---|---|---|---|

| 货物或应税劳务、服务名称 | 规格型号 | 单位 | 数量 | 单价 | 金额 | 税率 | 税额 |
|---|---|---|---|---|---|---|---|
| *化学合成材料*A材料 | | kg | 1500 | 19.80 | 29700.00 | 13% | 3861.00 |
| 合计 | | | | | ¥29700.00 | | ¥3861.00 |
| 价税合计（大写） | ⊗叁万叁仟伍佰陆拾壹元整 | | | | （小写）¥33561.00 | | |

| 销售方 | 名称：北京鑫华公司<br>纳税人识别号：258291040021366089<br>地址、电话：北京市海淀区建国路22号 0454-8677888<br>开户行及账号：中国建设银行北京市海淀区支行 0904023092481805342 | 备注 | |
|---|---|---|---|

收款人：　　复核：　　开票人：刘坤　　销售方：（章）

第三联：发票联 购买方记账凭证

北京鑫华公司 258291040021366089 发票专用章

**单据 10－74**

ICBC 中国工商银行　　业务回单（付款）

日期：　2019年 12月 22日　　　　回单编号：1534900002

付款人户名：宏大有限责任公司　　　　付款人开户行：中国工商银行佳木斯市东风支行

付款人账号（卡号）：0904021309248180435

收款人户名：北京鑫华公司　　　　收款人开户行：中国建设银行北京市海淀区支行

收款人账号（卡号）：0904023092481805342

金额：叁万叁仟伍佰陆拾壹元整　　　　小写：　33561.00元

业务（产品）种类：　　　凭证种类：0000000000　　　凭证号码：0000000000000000

摘要：货款　　　　用途：　　　　币种：

交易机构：0410000292　记账柜员：03741　交易代码：02108　渠道：柜面

产品名称：　　　　费用名称：

应收金额：　　　　实收金额：　　　　收费渠道：

本回单为第一次打印，注意重复　打印日期：　2019年 12月 22日　打印柜员：9　验证码：0A87640EF006

（印章：中国工商银行佳木斯市东风支行 业务专用章 (1)）

**单据 10－75**

ICBC 中国工商银行　　　　现金存款凭条

2019 年 12 月 23 日

| 存款人 | 全称 | 宏大有限责任公司 | | |
|---|---|---|---|---|
| | 账号 | 0904021309248180435 | 款项来源 | 超限额现金 |
| | 开户行 | 中国工商银行佳木斯市东风支行 | 交款人 | 宏大有限责任公司 |

金额（大写）　伍仟元整　　　　（千 百 十 万 千 百 十 元 角 分）¥ 5 0 0 0 0 0

| 票面 | 张数 | 十 | 万 | 千 | 百 | 十 | 元 | 角 | 分 | 票面 | 张数 | 千 | 百 | 十 | 元 | 角 | 分 | 备注 |
|---|---|---|---|---|---|---|---|---|---|---|---|---|---|---|---|---|---|---|
| 壹佰元 | 50 | | | 5 | 0 | 0 | 0 | 0 | 0 | 伍角 | | | | | | | | |
| 伍拾元 | | | | | | | | | | 贰角 | | | | | | | | |
| 贰拾元 | | | | | | | | | | 壹角 | | | | | | | | |
| 拾元 | | | | | | | | | | 伍分 | | | | | | | | |
| 伍元 | | | | | | | | | | 贰分 | | | | | | | | |
| 贰元 | | | | | | | | | | 壹分 | | | | | | | | |
| 壹元 | | | | | | | | | | 其他 | | | | | | | | |

（印章：中国工商银行佳木斯市东风支行 业务专用章 (1)）

第二联　客户核对联

190mm×100mm

注：此联不作为入账依据

**单据 10－76**

## 领料单

领料部门：生产车间

用途　　　　2019 年 12 月 23 日　　　　第　004 号

| 材料 | | | 单位 | 数量 | | 成本 | |
|---|---|---|---|---|---|---|---|
| 编号 | 名称 | 规格 | | 请领 | 实发 | 单价 | 总价（百 十 万 千 百 十 元 角 分） |
| 005 | 办公椅 | | 把 | 2 | 2 | 103.00 | 2 0 6 0 0 |
| | | | | | | | |
| | | | | | | | |
| | | | | | | | |
| 合计 | | | | | | | ¥ 2 0 6 0 0 |

会计联

部门经理：张小刚　　会计：　　仓库：沈健　　经办人：赵兵

单据 10－77

## 领 料 单

领料部门：行政科室

用 途　　　　2019 年 12 月 23 日　　　　第　　005 号

| 材料 | | | 单位 | 数量 | | 成本 | | | | | | | | | | |
|---|---|---|---|---|---|---|---|---|---|---|---|---|---|---|---|---|
| | | | | | | 单价 | 总价 | | | | | | | | | |
| 编号 | 名称 | 规格 | | 请领 | 实发 | | 百 | 十 | 万 | 千 | 百 | 十 | 元 | 角 | 分 | 会计联 |
| 005 | 办公椅 | | 把 | 5 | 5 | 103.00 | | | | | 5 | 1 | 5 | 0 | 0 | |
| | | | | | | | | | | | | | | | | |
| | | | | | | | | | | | | | | | | |
| | | | | | | | | | | | | | | | | |
| 合计 | | | | | | | | | | ¥ | 5 | 1 | 5 | 0 | 0 | |

部门经理：张小刚　　会计：　　仓库：沈健　　经办人：赵兵

单据 10－78

2001563025　　**黑龙江增值税专用发票**　　№ 00213621　　2001563025 00213621

此联不作报销、扣税凭证使用　　开票日期：2019年12月23日

校验码 22104 46420 64621 32010

购买方　名称：环宇有限责任公司
纳税人识别号：258291040028445648
地址、电话：佳木斯市东风区建国路55号 0454-8677855
开户行及账号：中国建设银行佳木斯市东风支行 0904023092481822556

密码区：
-65745<19458<3840481700**01
5/37503848*7>234504>-00*002
2//5>*8574567-7<8*87309-891
<413-3001152-/7142>>8088023

| 货物或应税劳务、服务名称 | 规格型号 | 单位 | 数量 | 单价 | 金额 | 税率 | 税额 |
|---|---|---|---|---|---|---|---|
| *日杂用品*甲产品 | | 件 | 1000 | 150.00 | 150000.00 | 13% | 19500.00 |
| *日杂用品*乙产品 | | 件 | 500 | 200.00 | 100000.00 | 13% | 13000.00 |
| 合　　计 | | | | | 250000.00 | | 32500.00 |
| 价税合计（大写） | ⊗贰拾捌万贰仟伍佰元整 | | | | （小写）¥282500.00 | | |

销售方　名称：宏大有限责任公司
纳税人识别号：230800100004228812N
地址、电话：佳木斯市郊区机场路66号 0454-8655372
开户行及账号：中国工商银行佳木斯市东风支行 0904021309248180435

备注

收款人：　　复核：　　开票人：李亚　　销售方：（章）

税总函［2015］562号海南华森实业公司

第一联：记账联　销售方记账凭证

单据 10－79

## 出　库　单

领料车间(部门)：环宇有限责任公司　　2019 年 12 月 23 日　　编号：0009

| 产品名称 | 规格 | 计量单位 | 数量 | | 成本 | | 备注 |
|---|---|---|---|---|---|---|---|
| | | | 请领 | 实发 | 单位成本 | 金额 | |
| 甲产品 | | 件 | 1000 | 1000 | 150.00 | 150000.00 | |
| 乙产品 | | 件 | 500 | 500 | 200.00 | 100000.00 | |
| | | | | | | | |
| | | | | | | | |
| 合计 | | | | | | ¥250000.00 | |

会计联

记账：　　发料：　　领料负责人：　　领料：凌星

单据 10－83

# 托收凭证 （受理回单） 1

委托日期 2019年 12月 23日

| | | | | | | | |
|---|---|---|---|---|---|---|---|
| 业务类型 | 委托收款（ □邮划、 ☑电划 ） 托收承付（ □邮划、 □电划 ） | | | | | | |
| 付款人 | 全称 | 利拓有限责任公司 | | 收款人 | 全称 | 宏大有限责任公司 | |
| | 账号 | 2300012300325100132 | | | 账号 | 0904021309248180435 | |
| | 地址 | 安徽 省 芜湖 市/县 | 开户行 中国工商银行芜湖市银杏支行 | | 地址 | 黑龙江 省 佳木斯 市/县 | 开户行 中国工商银行佳木斯市东风支行 |
| 金额 | 人民币（大写） | 叁拾玖万伍仟伍佰元整 | | | | 亿千百十万千百十元角分 | ¥39550000 |
| 款项内容 | 货款 | 托收凭据名称 | 增值税专用发票 | | 附寄单证张数 | 1 | |
| 商品发运情况 | 货物已托运 | | 合同名称号码 | | | | |
| 备注： 复核 记账 | 款项收妥日期 年 月 日 | | 收款人开户银行签章 年 月 日 | | | | |

中国工商银行佳木斯市东风支行 业务专用章 (1)

此联作收款人开户银行给收款人的受理回单

单据 10－84

# 领 料 单

领料部门：生产车间

用 途 生产甲产品 2019 年 12 月 30 日 第 009 号

| 材料 | | | 单位 | 数量 | | 成本 | |
|---|---|---|---|---|---|---|---|
| 编号 | 名称 | 规格 | | 请领 | 实发 | 单价 | 总价（百十万千百十元角分） |
| 001 | A材料 | | kg | 2000 | 2000 | 20.00 | 4000000 |
| 002 | B材料 | | kg | 1000 | 1000 | 50.00 | 5000000 |
| | | | | | | | |
| | | | | | | | |
| 合计 | | | | 3000 | 3000 | | ¥9000000 |

会计联

部门经理：张小刚 会计： 仓库：沈健 经办人：赵兵

单据 10－85

## 领 料 单

领料部门：生产车间

用 途 生产乙产品　　2019 年 12 月 30 日　　第 010 号

| 材料 | | | 单位 | 数量 | | 成本 | | 会计联 |
|---|---|---|---|---|---|---|---|---|
| 编号 | 名称 | 规格 | | 请领 | 实发 | 单价 | 总价（百十万千百十元角分） | |
| 001 | A材料 | | kg | 1000 | 1000 | 20.00 | 2000000 | |
| 002 | B材料 | | kg | 500 | 500 | 50.00 | 2500000 | |
| | | | | | | | | |
| | | | | | | | | |
| 合计 | | | | 1500 | 1500 | | ¥4500000 | |

部门经理：张小刚　　会计：　　仓库：沈健　　经办人：赵兵

单据 10－86

中国工商银行
转账支票存根
30909324
01456311

附加信息

出票日期2019年12月24日

收款人：聚财修理厂

金　额：¥2260.00

用　途：修理费

单位主管　　会计

上海金达证券印制有限公司 · 2012 年印制

单据 10－87

1100238966　　**黑龙江增值税专用发票**　　№ 12237827

1100238966
12237827

发票联

校验码 12397 38971 23911 79128　　开票日期：2019年12月24日

| 购买方 | 名称：宏大有限责任公司<br>纳税人识别号：23080010004228812N<br>地址、电话：佳木斯市郊区机场路66号 0454-8655372<br>开户行及账号：中国工商银行佳木斯市东风支行 0904021309248180435 | 密码区 | -65745<19458<3840481700**29<br>5/37503848*7>234504>-00*118<br>2//5>*8574567-7<8*87309-356<br><413-3001152-/7142>>8088027 |
|---|---|---|---|

| 货物或应税劳务、服务名称 | 规格型号 | 单位 | 数量 | 单价 | 金额 | 税率 | 税额 |
|---|---|---|---|---|---|---|---|
| *修理修配劳务*修理费 | | | 1 | 2000.00 | 2000.00 | 13% | 260.00 |
| 合计 | | | | | ¥2000.00 | | ¥260.00 |
| 价税合计（大写） | ⊗贰仟贰佰陆拾元整 | | | | （小写）¥2260.00 | | |

| 销售方 | 名称：聚财修理厂<br>纳税人识别号：23080100787711027N<br>地址、电话：佳木斯市前进区光复路46号 0454-8677218<br>开户行及账号：中国工商银行佳木斯市前进支行 0904021372213278236 | 备注 | 聚财修理厂 23080100787711027N 发票专用章 |
|---|---|---|---|

收款人：　　复核：　　开票人：张丹丹　　销售方：（章）

第三联：发票联　购买方记账凭证

单据 10－88

## 领 料 单

领料部门：生产车间

用　途：一般耗用　　　　2019 年 12 月 28 日　　　　第 008 号

| 材料 | | | 单位 | 数量 | | 成本 | |
|---|---|---|---|---|---|---|---|
| 编号 | 名称 | 规格 | | 请领 | 实发 | 单价 | 总价（百十万千百十元角分） |
| 001 | A材料 | | kg | 100 | 100 | 20.00 | 200000 |
| 002 | B材料 | | kg | 100 | 100 | 50.00 | 500000 |
| | | | | | | | |
| | | | | | | | |
| 合计 | | | | 200 | 200 | | ￥700000 |

会计联

部门经理：张小刚　　会计：　　仓库：沈健　　经办人：赵兵

单据 10－89

## 商业承兑汇票　　2

69008756

出票日期（大写）　贰零壹玖 年　壹拾贰 月　贰拾伍 日

| | | | | | |
|---|---|---|---|---|---|
| 付款人 | 全称 | 丰润有限责任公司 | 收款人 | 全称 | 宏大有限责任公司 |
| | 账号 | 0904022366123478117 | | 账号 | 0904021309248180435 |
| | 开户银行 | 中国工商银行佳木斯市前进支行 | | 开户银行 | 中国工商银行佳木斯市东风支行 |
| 出票金额 | 人民币（大写） | 叁万伍仟壹佰元整 | | 亿千百十万千百十元角分 | ￥3510000 |
| 汇票到期日（大写） | 贰零贰零年零叁月贰拾伍日 | | 付款人开户行 | 行号 | 56723 |
| 交易合同号码 | 086548 | | | 地址 | 佳木斯市前进区解放路78号 |
| 本汇票已经承兑，到期无条件支付票款。 承兑人签章 承兑日期　年　月　日 | | | 本汇票请予以承兑于到期日付款 出票人签章 | | |

丰润有限责任公司 财务专用章　张丹印

此联持票人开户行随托收凭证寄付款人开户行作借方凭证附件

单据 10－90

中国工商银行
现金支票存根
30909324
01450565

附加信息

出票日期 2019年12月25日

收款人：宏大有限责任公司

金　额：¥10000.00

用　途：备用金

单位主管　　会计

上海金达证券印制有限公司·2012年印制

单据 10－91

## 借款单

2019 年 12 月 25 日

| | | | | | |
|---|---|---|---|---|---|
| 借款部门 | 销售部 | 姓名 | 王微 | 事由 | 参加广州产品交易会 |
| 借款金额（大写） | 零万 伍仟 零佰 零拾 零元 零角 零分 ￥5,000.00 | | | | |

| | | | | | | | |
|---|---|---|---|---|---|---|---|
| 领导审批 | 宋佳 | 财务审批 | 王力 | 部门审批 | 王微 | 出纳付款 | 肖芳 |
| 借款人 | 王微 | | | 备注 | 现金付讫 | | |

单据 10－92

## 收款收据

NO.121003

2019 年 12 月 26 日

今收到 职工李伟交来赔偿款　　现金收讫

金额（大写） 佰 零拾 零万 零仟 伍佰 零拾 零元 零角 零分

￥ 500.00　　☑现金　☐支票　☐信用卡　☐其他　　收款单位（盖章）

核准　　会计　　记账　　出纳肖芳　　经手人

第三联会计联

单据 10－93

1100586839　　校验码

## 北京增值税专用发票

发票联

№ 00188129　　1100586839　00188129

开票日期：2019年12月26日

| | | | |
|---|---|---|---|
| 购买方 | 名称：宏大有限责任公司<br>纳税人识别号：23080010004228812N<br>地址、电话：佳木斯市郊区机场路66号 0454-8655372<br>开户行及账号：中国工商银行佳木斯市东风支行 0904021309248180435 | 密码区 | -65745<19458<3840481700**02<br>5/37503848*7>234504>-00*006<br>2//5>*8574567-7<8*87309-005<br><413-3001152-/7142>>8088008 |

| 货物或应税劳务、服务名称 | 规格型号 | 单位 | 数量 | 单价 | 金额 | 税率 | 税额 |
|---|---|---|---|---|---|---|---|
| *陆路运输服务*运费 | | kg | 1 | 300.00 | 300.00 | 9% | 27.00 |
| 合计 | | | | | ￥300.00 | | ￥27.00 |
| 价税合计（大写） | ⊗叁佰贰拾柒元整 | | | | （小写）￥327.00 | | |

| | | | |
|---|---|---|---|
| 销售方 | 名称：北京远洋运输公司<br>纳税人识别号：23083378112245902N<br>地址、电话：北京市东城区中山路29号 010-87231124<br>开户行及账号：中国建设银行北京市东城支行 0904022356118923662 | 备注 | 北京-佳木斯，材料 |

收款人：　　复核：　　开票人：林娟娟　　销售方：（章）

北京远洋运输公司 23083378112245902N 发票专用章

第三联：发票联　购买方记账凭证

单据 10-94

## 电 汇 凭 证

币别：人民币　　2019 年 12月 26日　　流水号：

| 汇款方式 | ☑普通 ☐加急 | | | |
|---|---|---|---|---|
| 汇款人 | 全　称 | 宏大有限责任公司 | 收款人 全　称 | 北京远洋运输公司 |
| | 账　号 | 0904021309248180435 | 账　号 | 0904022356118923662 |
| | 汇出行名称 | 中国工商银行佳木斯市东风支行 | 汇入行名称 | 中国建设银行北京市东城支行 |
| 金额 | （大写）叁佰贰拾柒元整 | | | ¥32700 |
| | | | 支付密码 | |
| | | | 附加信息及用途：运费 | |
| | | | 中国工商银行佳木斯市东风支行 业务专用章 (1) | 客户签章 |

第二联 客户回单

会计主管　　授权　　复核　　录入

单据 10-95

## ICBC 中国工商银行 业务回单（付款）

日期：2019年 12月 26日　　回单编号：1534900002

付款人户名：宏大有限责任公司　　付款人开户行：中国工商银行佳木斯市东风支行

付款人账号（卡号）：0904021309248180435

收款人户名：北京远洋运输公司　　收款人开户行：中国建设银行北京市东城支行

收款人账号（卡号）：0904022356118923662

金额：叁佰贰拾柒元整　　小写：327.00元

业务（产品）种类：结算业务凭证　　凭证种类：000000000　　凭证号码：00000000000000000

摘要：汇款手续费　　用途：　　币种：人民币

交易机构：0410000292　记账柜员：03741　交易代码：02108　渠道：柜面

产品名称：　　费用名称：

应收金额：　　实收金额：　　收费渠道：

本回单为第一次打印，注意重复　打印日期：2019年 12月 26日　打印柜员：9　验证码：0A87640EF006

（中国工商银行佳木斯市东风支行 业务专用章 (1)）

单据 10-96

## 收料单

供货单位：北京鑫华公司　　编号：0005

发票编号：00182328　　2019 年 12 月 26 日　　仓库：1号

| 材料类别 | 材料编号 | 材料名称 | 规格 | 计量单位 | 数量 应收 | 数量 实收 | 金额 单价 | 金额 买价 | 金额 合计 |
|---|---|---|---|---|---|---|---|---|---|
| 主要材料 | 001 | A材料 | | kg | 1500 | 1500 | 19.80 | 29700.00 | 29700.00 |
| | | | | | | | | | |
| | | | | | | | | | |
| | | | | | | | | | |
| | | | | | | | | | |

会计联

会计主管　　会计　　审核　　记账　　收料 沈健

**单据 10－97**

# 收料单

供货单位: 佳木斯市前进建材厂　　　　　　　　　　编号: 0010

发票编号:　　　　　　　2019 年　12 月　27 日　　　　　　仓库: 1号

| 材料类别 | 材料编号 | 材料名称 | 规格 | 计量单位 | 数量 | | 金额 | | |
|---|---|---|---|---|---|---|---|---|---|
| | | | | | 应收 | 实收 | 单价 | 买价 | 合计 |
| 原材料 | 002 | B材料 | | kg | 200 | 200 | | | |
| | | | | | | | | | |
| | | | | | | | | | |
| | | | | | | | | | |
| | | | | | | | | | |

会计联

会计主管　　　　会计　　　　审核　　　　记账　　　　收料

**单据 10－98**

## 黑龙江增值税普通发票

3302156001　　　　№ 00251412　　3302156001 00251412

发票联

开票日期: 2019年12月27日

校验码 44029 29403 92921 83834

购买方
名　　称: 宏大有限责任公司
纳税人识别号: 23080010004228812N
地址、电话: 佳木斯市郊区机场路66号 0454-8655372
开户行及账号: 中国工商银行佳木斯市东风支行　0904021309248180435

密码区
-65745<19458<3840481700**01
5/37503848*7>234504>-00*002
2//5>*8574567-7<8*87309-891
<413-3001152-/7142>>8088023

| 货物或应税劳务、服务名称 | 规格型号 | 单位 | 数量 | 单价 | 金额 | 税率 | 税额 |
|---|---|---|---|---|---|---|---|
| *劳务*劳务费 | | | | | 4854.37 | 3% | 145.63 |
| 合　计 | | | | | ¥4854.37 | | ¥145.63 |
| 价税合计（大写） | ⊗伍仟元整 | | | | （小写）¥5000.00 | | |

销售方
名　　称: 丽人劳务中介公司
纳税人识别号: 458391040022313579
地址、电话: 佳木斯市星谷区红旗中路26号 0454-2232468
开户行及账号: 中国工商银行佳木斯市荷塘支行　0731024001531291350

备注

收款人:　　　　复核:　　　　开票人: 蔡立人　　　　销售方:（章）

第二联：发票联　购买方记账凭证

单据 10－99

中国工商银行
转账支票存根
30909320
20617230

附加信息

出票日期2019年12月27日

收款人：丽人劳务中介公司

金额：¥5000.00

用途：劳务费

单位主管　　会计

上海金达证券印制有限公司・2012年印制

单据 10－100

## 领　料　单

领料部门：生产车间

用　途 生产乙产品　　　　2019 年 12 月 28 日　　　　第　　011 号

| 材料 | | | 单位 | 数量 | | 成本 | | | | | | | | |
|---|---|---|---|---|---|---|---|---|---|---|---|---|---|---|
| | | | | | | 单价 | 总价 | | | | | | | |
| 编号 | 名称 | 规格 | | 请领 | 实发 | | 百 | 十 | 万 | 千 | 百 | 十 | 元 | 角 | 分 |
| 001 | A材料 | | kg | 2000 | 2000 | 20.00 | | | 4 | 0 | 0 | 0 | 0 | 0 | 0 |
| 002 | B材料 | | kg | 1000 | 1000 | 50.00 | | | 5 | 0 | 0 | 0 | 0 | 0 | 0 |
| | | | | | | | | | | | | | | | |
| | | | | | | | | | | | | | | | |
| 合计 | | | | 3000 | 3000 | | | ¥ | 9 | 0 | 0 | 0 | 0 | 0 | 0 |

会计联

部门经理：张小刚　　会计：　　仓库：沈健　　经办人：赵兵

单据 10－101

## 收　款　收　据

NO.121004

2019 年 12 月 28 日

今 收 到 出售废旧物资款　　现金收讫

金额（大写）　佰　零拾　零万　零仟　陆佰　贰拾　零元　零角　零分

¥ 620.00　　☑现金　☐支票　☐信用卡　☐其他　　收款单位（盖章）

核准　　会计　　记账　　出纳肖芳　　经手人

第三联会计联

单据 10－102

1800174130 **黑龙江增值税专用发票** № 00380416 1800174130 00380416

此联不作报销、扣税凭证使用

校验码 12397 39781 79318 31891 开票日期：2019年12月28日

| | | | |
|---|---|---|---|
| 购买方 | 名称：大功德废品收购公司<br>纳税人识别号：23080213882612203N<br>地址、电话：佳木斯市郊区机场路325号 0454-8355211<br>开户行及账号：中国工商银行佳木斯市前进支行 0904022366891218334 | 密码区 | -65745<19458<3840481700**02<br>5/37503848*7>234504>-00*003<br>2//5>*8574567-7<8*87309-007<br><413-3001152-/7142>>8088001 |

| 货物或应税劳务、服务名称 | 规格型号 | 单位 | 数量 | 单价 | 金额 | 税率 | 税额 |
|---|---|---|---|---|---|---|---|
| *日杂用品*废旧物资 | | 批 | 1 | 548.67 | 548.67 | 13% | 71.33 |
| 合计 | | | | | ¥548.67 | | ¥71.33 |
| 价税合计（大写） | ⊗陆佰贰拾元整 | | | | （小写）¥620.00 | | |

| | | | |
|---|---|---|---|
| 销售方 | 名称：宏大有限责任公司<br>纳税人识别号：23080010004228812N<br>地址、电话：佳木斯市郊区机场路66号 0454-8655372<br>开户行及账号：中国工商银行佳木斯市东风支行 0904021309248180435 | 备注 | |

收款人： 复核： 开票人：肖芳 销售方：（章）

税总函〔2015〕562号海南华森实业公司

第一联：记账联 销售方记账凭证

单据 10－103

## 差旅费报销单

报销部门：总经理办公室 2019年 12月 28日

| 姓名 | 宋佳 | 职务 | 总经理 | 出差事由 | 参加会议 | | | | | |
|---|---|---|---|---|---|---|---|---|---|---|
| 出差起止日期自2019年 12月 22日起至2019年 12月 26日共 5天 附单据 3张 | | | | | | | | | | |
| 日期 | | 起讫地点 | 差旅补助 | | | 交通费 | 住宿费 | 会务费 | 其他 | 小计 |
| 月 | 日 | | 天数 | 标准 | 金额 | | | | | |
| 12 | 22 | 佳木斯—哈尔滨 | 1 | 180.00 | 180.00 | 110.00 | | | | 290.00 |
| 12 | 26 | 哈尔滨—佳木斯 | 4 | 180.00 | 720.00 | 100.00 | 800.00 | | | 1620.00 |
| | | | | | | | | | | |
| | | 合计 | | | | | | | | ¥1910.00 |
| 合计人民币(大写)壹仟玖佰壹拾元整 现金付讫 | | | | | | | | | | |
| 预领金额：0 元 | | | 交(退)回金额 0元 应补付金额 1910.00元 | | | | | | | |

单位负责人：宋佳 会计主管：王力 部门主管： 报销人：宋佳

单据 10－104

# 公益性单位接受捐赠统一收据

UNIFIED INVOICE OF DONATION FOR PUBLIC WELFARE ORGANIZATION

国财 00203　　2019 年 Y　12 月 M　28 日 D　　(04)No0843113

| | |
|---|---|
| 捐赠者 Donor | 宏大有限责任公司 |
| 捐赠项目 For Purpose | 捐赠于农村小学 |
| 捐赠金额（实物价值）Total Amount　大写 In Words | 零 佰 壹 拾 零 万 零 仟 零 佰 零 拾 零 元 零 角 零 分 |
| 小写 In Figures | 100,000.00　　佰 拾 万 仟 佰 拾 元 角 分：¥ 1 0 0 0 0 0 0 0 |
| 货币（实物）种类 Currency (Material Objects) | 人民币 |
| 备注 Notes | |

接收单位（公章）Receiver's Seal　希望工程佳木斯市办事处 财务专用章　　审核 Verified by 李娜　　经手人 Handling Person 王佳佳　　支票号 Cheque No 01456311

感谢您的慷慨捐赠！ Thank you for your generous donation!

第二联 Second Donor 捐赠者

财政部监制（2004）1000本×00000 王某公司印制

单据 10－105

中国工商银行
转账支票存根
30909324
01456312

附加信息

出票日期 2019 年 12 月 28 日

收款人：希望工程佳木斯市办事处

金　额：¥100000.00

用　途：捐款

单位主管　　会计

上海金达证券印制有限公司・2012 年印制

单据 10－106

中国工商银行
现金支票存根
30909324
01450564

附加信息

出票日期 2019 年 12 月 29 日

收款人：王佳来

金　额：¥5000.00

用　途：预付差旅费

单位主管　　会计

上海金达证券印制有限公司・2018 年印制

单据 10－107

# 借 款 单

2019 年 12 月 29 日

| | | | | | | | |
|---|---|---|---|---|---|---|---|
| 借款部门 | 销售部 | 姓名 | 王佳来 | | 事由 | 参加会议 | |
| 借款金额（大写） | | 零 万 伍 仟 零 佰 零 拾 零 元 零 角 零 分 ¥ 5,000.00 | | | | | |
| 领导审批 | 宋佳 | 财务审批 | 王力 | 部门审批 | 王微 | 出纳付款 | 肖芳 |
| 借款人 | | 王佳来 | | 备注 | | 现金付讫 | |

单据 10－108

**黑龙江增值税普通发票**

发票联

1100162091　　№ 67901201　　1100162091 67901201

开票日期：2019年12月21日

校验码 12670 23671 98361 23740

| 购买方 | 名称：宏大有限责任公司<br>纳税人识别号：23080010004228812N<br>地址、电话：佳木斯市郊区机场路66号 0454-8655372<br>开户行及账号：中国工商银行佳木斯市东风支行 0904021309248180435 | 密码区 | -65745<19458<3840481700**02<br>5/37503848*7>234504>-00*006<br>2//5>*8574567-7<8*87309-008<br><413-3001152-/7142>>8088037 |
|---|---|---|---|

| 货物或应税劳务、服务名称 | 规格型号 | 单位 | 数量 | 单价 | 金额 | 税率 | 税额 |
|---|---|---|---|---|---|---|---|
| *文具*办公用品 | | | | | 200.00 | 3% | 6.00 |
| 合计 | | | | | ￥200.00 | | ￥6.00 |
| 价税合计（大写） | ⊗贰佰零陆元整 | | | | （小写）￥206.00 | | |

| 销售方 | 名称：佳木斯万达百货公司<br>纳税人识别号：230802238956221854<br>地址、电话：佳木斯市前进区和平路128号 0454-8655308<br>开户行及账号：中国工商银行佳木斯市前进支行 0904022365120967227 | 备注 | 佳木斯万达百货公司<br>230802238956221854<br>发票专用章 |
|---|---|---|---|

收款人：　　复核：　　开票人：陈瑜　　销售方：（章）

第二联：发票联　购买方记账凭证

税总函［2015］982号深圳光华印制有限公司

单据 10－109

**黑龙江增值税普通发票**

发票联

1800173789　　№ 10986411　　1800173789 10986411

开票日期：2019年12月30日

校验码 12738 15248 71289 41621

| 购买方 | 名称：宏大有限责任公司<br>纳税人识别号：23080010004228812N<br>地址、电话：佳木斯市郊区机场路66号 0454-8655372<br>开户行及账号：中国工商银行佳木斯市东风支行 0904021309248180435 | 密码区 | 115-56<19458<3840+481*56799<br>75/373*4348*7>+>-2//54348*7<br>>*23-4367-7<8*873/+<4840+12<br>334+2395*3-/>7142>>8--56<32 |
|---|---|---|---|

| 货物或应税劳务、服务名称 | 规格型号 | 单位 | 数量 | 单价 | 金额 | 税率 | 税额 |
|---|---|---|---|---|---|---|---|
| *餐饮服务*餐饮费 | | | 1 | 235.85 | 235.85 | 6% | 14.15 |
| 合计 | | | | | ￥235.85 | | ￥14.15 |
| 价税合计（大写） | ⊗贰佰伍拾元整 | | | | （小写）￥250.00 | | |

| 销售方 | 名称：好味来餐饮有限公司<br>纳税人识别号：23080010565512986N<br>地址、电话：佳木斯市前进区解放路126号 0454-8677352<br>开户行及账号：中国工商银行佳木斯市前进支行 0904022316778955110 | 备注 | 好味来餐饮有限公司<br>23080010565512986N<br>发票专用章 |
|---|---|---|---|

收款人：　　复核：　　开票人：方晶晶　　销售方：（章）

第二联：发票联　购买方记账凭证

税总函［2015］982号深圳光华印制有限公司

单据10－110

# 差旅费报销单

报销部门：销售部　　　　　　2019年　12月　30日

| 姓名 | 王微 | 职务 | 经理 | 出差事由 | 参加广交会 |
|---|---|---|---|---|---|
| 出差起止日期自2019年　12月　25日起至2019年　12月　30日共　6天　附单据　4张 | | | | | |

| 日期 | | 起讫地点 | 差旅补助 | | | 交通费 | 住宿费 | 会务费 | 其他 | 小计 |
|---|---|---|---|---|---|---|---|---|---|---|
| 月 | 日 | | 天数 | 标准 | 金额 | | | | | |
| 12 | 25 | 佳木斯－广州 | | | | 520.00 | | | | 520.00 |
| 12 | 30 | 广州－佳木斯 | 6 | 180.00 | 1080.00 | 520.00 | 2180.00 | 700.00 | | 4480.00 |
| | | | | | | | | | | |
| | | 合计 | | | 1080.00 | 1040.00 | 2180.00 | 700.00 | | 5000.00 |
| 合计人民币(大写)伍仟元整 | | | | | | | | | | |
| 预领金额：5000　元 | | | | 交(退)回金额　　元　应补付金额　0.00元 | | | | | | |

单位负责人：宋佳　　　　会计主管：王力　　　　部门主管：刘力　　　　报销人：王微

单据10－111

# 申　　请

由于松柏有限责任公司已经破产，原欠货款58 500元（大写：人民币伍万捌仟伍佰元整）无法归还，特申请转入公司营业外收入。

领导签字：宋佳　　　　　　　　财务主管：王力

2019年12月30日　　　　　　　　2019年12月30日

单据 10－112

1800174130　　黑龙江增值税专用发票　　№ 00380418　　1800174130 00380418

此联不作报销、扣税凭证使用

校验码 12791 30137 92703 71393　　开票日期：2019年12月30日

| | | |
|---|---|---|
| 购买方 | 名　　称：中信竹有限责任公司<br>纳税人识别号：856331040021975822<br>地 址、电 话：哈尔滨市南岗区红旗街32号 0451-8235156<br>开户行及账号：中国建设银行哈尔滨市南岗支行 30161665460808 70361 | 密码区：-65745<19458<38404817000012<br>5/37503848*7>234504>-000049<br>2//5>*8574567-7<8*873000007<br><413-3001152-/7142>>8000014 |

| 货物或应税劳务、服务名称 | 规格型号 | 单位 | 数量 | 单价 | 金额 | 税率 | 税额 |
|---|---|---|---|---|---|---|---|
| *日杂用品*甲产品 | | 件 | 200 | 150.00 | 30000.00 | 13% | 3900.00 |
| *日杂用品*乙产品 | | 件 | 500 | 200.00 | 100000.00 | 13% | 13000.00 |
| 合　　计 | | | | | ¥130000.00 | | ¥16900.00 |
| 价税合计（大写） | ⊗壹拾肆万陆仟玖佰元整 | | | | （小写）¥146900.00 | | |

| | | |
|---|---|---|
| 销售方 | 名　　称：宏大有限责任公司<br>纳税人识别号：23080010004228812N<br>地 址、电 话：佳木斯市郊区机场路66号 0454-8655372<br>开户行及账号：中国工商银行佳木斯市东风支行 0904021309248180435 | 备注 |

收款人：　　复核：　　开票人：赵海英　　销售方：（章）

税总函［2015］562号海南华森实业公司

第一联：记账联　销售方记账凭证

单据 10－113

## 出　库　单

领料车间(部门)：中信竹有限责任公司　　2019 年 12 月 30 日　　编号：00165

| 产品名称 | 规格 | 计量单位 | 数量 | | 成本 | | 备注 |
|---|---|---|---|---|---|---|---|
| | | | 请领 | 实发 | 单位成本 | 金额 | |
| 甲产品 | | 件 | 200 | 200 | 150 | 30000 | 销售 |
| 乙产品 | | 件 | 500 | 500 | 200 | 100000 | 销售 |
| | | | | | | | |
| | | | | | | | |
| 合计 | | | 700 | 700 | | 130000 | |

会计联

记账：　　发料：沈健　　领料负责人：张春　　领料：刘淑仁

单据 10－114

ICBC 中国工商银行　　进账单（收账通知）3

2019 年 12 月 31 日　　№

| | | | | | |
|---|---|---|---|---|---|
| 出票人 | 全　称 | 中信竹有限责任公司 | 收款人 | 全　称 | 宏大有限责任公司 |
| | 账　号 | 3016166546080870361 | | 账　号 | 0904021309248180435 |
| | 开户银行 | 中国建设银行哈尔滨市南岗支行 | | 开户银行 | 中国工商银行佳木斯市东风支行 |

| 金额 | 人民币（大写） | 亿 | 千 | 百 | 十 | 万 | 千 | 百 | 十 | 元 | 角 | 分 |
|---|---|---|---|---|---|---|---|---|---|---|---|---|
| | 壹拾肆万陆仟玖佰元整 | | | ¥ | 1 | 4 | 6 | 9 | 0 | 0 | 0 | 0 |

| | | | |
|---|---|---|---|
| 票据种类 | 银行汇票 | 票据张数 | 1张 |
| 票据号码 | | | |

备注：

复核：　　记账：

中国工商银行佳木斯市东风支行 业务专用章 (1)

收款人开户银行签章

此联是收款人开户银行交给收款人的收账通知

175*85mm GH 066011

单据 10－115

中国工商银行
转账支票存根

30909324

01456312

附加信息

出票日期 2019 年 12 月 31 日

收款人：黑龙江佳木斯电信局

金　额：¥9810.00

用　途：支付电话费

单位主管　　会计

上海金达证券印制有限公司·2012 年印制

单据 10－116

1800174679　　**黑龙江增值税专用发票**　　№ 82761917

1800174679
82761917

校验码 81763 91720 71028 01124　　发票联　　开票日期：2019年12月31日

| | | | | | | | |
|---|---|---|---|---|---|---|---|
| 购买方 | 名称：宏大有限责任公司<br>纳税人识别号：230800100042288I2N<br>地址、电话：佳木斯市郊区机场路66号 0454-8655372<br>开户行及账号：中国工商银行佳木斯市东风支行 0904021309248180435 | | | 密码区 | -65745<19458<38404817000006<br>5/37503848*7>234504>-000006<br>2//5>*8574567-7<8*873000007<br><413-3001152-/7142>>8000008 | | |
| 货物或应税劳务、服务名称 | 规格型号 | 单位 | 数量 | 单价 | 金额 | 税率 | 税额 |
| *电信服务*通信服务费 | | | 1 | 9000.00 | 9000.00 | 9% | 810.00 |
| 合计 | | | | | ¥9000.00 | | ¥810.00 |
| 价税合计（大写） | ⊗玖仟捌佰壹拾元整 | | | | （小写）¥9810.00 | | |
| 销售方 | 名称：黑龙江佳木斯电信局<br>纳税人识别号：23080100337328925N<br>地址、电话：佳木斯市东风区阳光路89号 0454-8722618<br>开户行及账号：中国工商银行佳木斯市东风支行 0904021388541291323 | | | 备注 | | | |

收款人：　　复核：　　开票人：黄伟　　销售方：（章）

第三联：发票联　购买方记账凭证

税总函〔2015〕562号海南华森实业公司

单据 10－117

1800164133　　**黑龙江增值税专用发票**　　№ 00180240

1800164133
00180240

校验码 18291 82018 02183 08048　　发票联　　开票日期：2019年12月31日

| | | | | | | | |
|---|---|---|---|---|---|---|---|
| 购买方 | 名称：宏大有限责任公司<br>纳税人识别号：230800100042288I2N<br>地址、电话：佳木斯市郊区机场路66号 0454-8655372<br>开户行及账号：中国工商银行佳木斯市东风支行 0904021309248180435 | | | 密码区 | -65745<19458<38404817111127<br>5/37503848*7>234504>-777702<br>2//5>*8574567-7<8*873888871<br><413-3001152-/7142>>8000020 | | |
| 货物或应税劳务、服务名称 | 规格型号 | 单位 | 数量 | 单价 | 金额 | 税率 | 税额 |
| *水冰雪*水费 | | 立方米 | 1000 | 1.00 | 1000.00 | 13% | 130.00 |
| 合计 | | | | | ¥1000.00 | | ¥130.00 |
| 价税合计（大写） | ⊗壹仟壹佰叁拾元整 | | | | （小写）¥1130.00 | | |
| 销售方 | 名称：佳木斯市自来水公司<br>纳税人识别号：23080010003162877N<br>地址、电话：佳木斯市前进区先锋路42号 0454-8668366<br>开户行及账号：中国建设银行佳木斯市东风支行 0904022309248160553 | | | 备注 | | | |

收款人：　　复核：　　开票人：孙亮　　销售方：（章）

第三联：发票联　购买方记账凭证

税总函〔2015〕562号海南华森实业公司

**单据 10－118**

中国工商银行
转账支票存根
30909324
01456313

附加信息

出票日期2019年12月31日

收款人：佳木斯市自来水公司

金　额：¥1130.00

用　途：支付水费

单位主管　　会计

上海金达证券印制有限公司·2012年印制

**单据 10－119**

**水费分配表**

2019年12月31日　　　　单位：元

| 分配对象 | 分配金额 | 备注 |
|---|---|---|
| 车间公共部分 | 500 | |
| 行政管理部门 | 500 | |
| 合计 | 1000 | |

审核：王力　　会计：李安　　制单：肖芳

**单据 10－120**

**电费分配表**

2019年12月31日　　　　单位：元

| 分配对象 | 分配金额 | 备注 |
|---|---|---|
| 车间照明 | 1000 | |
| 行政管理部门 | 1000 | |
| 合计 | 2000 | |

审核：王力　　会计：李安　　制单：肖芳

**单据 10－121**

1800516545　　**黑龙江增值税专用发票**　　№ 23815633　　1800516545 23815633

（全国统一发票监制章 黑龙江 国家税务总局监制）发票联

校验码 12397 79311 31391 73181　　开票日期：2019年12月31日

| 购买方 | 名称：宏大有限责任公司<br>纳税人识别号：23080010004228812N<br>地址、电话：佳木斯市郊区机场路66号 0454-8655372<br>开户行及账号：中国工商银行佳木斯市东风支行 0904021309240100435 | 密码区 | -65745<19458<3840481700**45<br>5/37503848*7>234504>-00*006<br>2//5>*8574567-7<8*87309-892<br><413-3001152-/7142>>8088037 |
|---|---|---|---|

| 货物或应税劳务、服务名称 | 规格型号 | 单位 | 数量 | 单价 | 金额 | 税率 | 税额 |
|---|---|---|---|---|---|---|---|
| *石油制品*汽油 | | | | | 5000.00 | 13% | 650.00 |
| 合计 | | | | | ¥5000.00 | | ¥650.00 |
| 价税合计（大写） | ⊗伍仟陆佰伍拾元整 | | | | （小写）¥5650.00 | | |

| 销售方 | 名称：中国石化公司佳木斯分公司<br>纳税人识别号：23086566122134407N<br>地址、电话：佳木斯市前进区和平路75号 0454-8633261<br>开户行及账号：中国工商银行佳木斯市前进支行 0904022300502771234 | 备注 | （中国石化公司佳木斯分公司 23086566122134407N 发票专用章） |
|---|---|---|---|

收款人：　　复核：　　开票人：刘苗苗　　销售方：（章）

税总函［2015］562号海南华森实业公司

第三联：发票联　购买方记账凭证

单据 10－122

## 财产盘点报告单

单位名称：1、2号仓库　　　　2019 年　12 月　31 日　　　　单位：元

| 财产名称 | 计量单位 | 实存 | 账存 | 单位成本 | 盘盈 | | 盘亏 | | 原因 |
|---|---|---|---|---|---|---|---|---|---|
| | | | | | 数量 | 金额 | 数量 | 金额 | |
| B材料 | kg | 1890 | 1900 | 50.00 | | | 10 | 500.00 | 管理不善 |
| 乙产品 | 件 | 4905 | 4900 | 150.00 | 5 | 750.00 | | | 计量不准 |
| 合计 | | | | | 5 | 750.00 | 10 | 500.00 | |

仓库保管员：沈健　　　　　　　　盘点人：张凡

单据 10－123

## 关于盘盈、盘亏财产的处理意见

我公司月末盘点发现盘亏B材料10kg，计500元，经查属管理不善所致；发现盘盈乙产品5件，计750元，经查属计量不准所致。原因已查明，请财务部门按会计制度进行处理。

宏大有限责任公司
2019年12月31日

单据 10－124

## 库存现金盘点表

2019 年 12 月 31 日　　　　单位：宏大有限责任公司

| 票面额 | 张数 | 金额 | 票面额 | 张数 | 金额 |
|---|---|---|---|---|---|
| 壹佰元 | 300 | 30000.00 | 伍角 | | |
| 伍拾元 | 100 | 5000.00 | 贰角 | | |
| 贰拾元 | 5 | 100.00 | 壹角 | | |
| 拾元 | 6 | 60.00 | 伍分 | | |
| 伍元 | 1 | 5.00 | 贰分 | | |
| 贰元 | | | 壹分 | | |
| 壹元 | | | 合计 | 412 | 35165.00 |
| 现金日记账账面余额：35065 | | | | | |
| 差额：100 | | | | | |

处理意见：
现金盘盈，原因不明，按会计制度处理

财务经理：王力　　　　监盘人员：王力　　　　出纳：肖芳

**单据 10－125**

# 关于现金盘盈的处理意见

我公司月末盘点发现现金盘盈100元，原因不明，请财务部门按会计制度进行处理。

宏大有限责任公司

2019年12月31日

**单据 10－126**

## 固定资产盘点表

2019 年　12 月　31 日　　　　单位: 宏大有限责任公司

| 固定资产类别 | | 固定资产账面情况 | | | | | 存放地点 | 实际负责人 | 盘点结果 | | | | | | |
|---|---|---|---|---|---|---|---|---|---|---|---|---|---|---|---|
| | | 固定资产名称 | 数量 | 单价 | 金额 | 已折旧额 | | | 计量单位 | 数量 | 单价 | 金额 | 盘盈 | 盘亏 | 备注 |
| 生产用 | 在用 | 打印架 | 5 | 2000 | 10000 | 7500 | 公共区 | | 台 | 4 | 2000 | 8000 | | √ | |
| 生产用 | 未用 | | | | | | | | | | | | | | |
| 生产用 | 不需用 | | | | | | | | | | | | | | |
| 生产用 | 季节性停用 | | | | | | | | | | | | | | |
| 非生产用 | 在用 | | | | | | | | | | | | | | |
| 非生产用 | 未用 | | | | | | | | | | | | | | |
| 非生产用 | 不需用 | | | | | | | | | | | | | | |
| 审批意见: | | | | | | | | | | 总经理: | | | | | |

清查小组签字:　　　　复核人:　　　　填表人:

**单据 10－127**

# 关于资产盘亏的处理意见

我公司月末盘点发现打印机盘亏1台，原值2000元，已计提折旧1500元，盘亏原因不明，请财务部门按会计制度进行处理。

宏大有限责任公司

2019年12月31日

单据 10－128

## 工资费用分配表

2019 年12月31日　　　　单位：元

| 分配对象 | 分配金额 | 备注 |
| --- | --- | --- |
| 甲产品 | 80000.00 | |
| 乙产品 | 60000.00 | |
| 车间管理人员 | 10000.00 | |
| 行政管理人员 | 20000.00 | |
| 销售部门人员 | 20000.00 | |
| 合计 | 190000.00 | |

单据 10－129

## 职工福利分配表

2019 年12月31日　　　　单位：元

| 分配对象 | 分配金额 | 备注 |
| --- | --- | --- |
| 甲产品 | 11200.00 | |
| 乙产品 | 8400.00 | |
| 车间管理人员 | 1400.00 | |
| 行政管理人员 | 2800.00 | |
| 销售部门人员 | 2800.00 | |
| 合计 | 26600.00 | |

单据 10－130

## 工会经费分配表

2019 年12月31日　　　　单位：元

| 分配对象 | 分配金额 | 备注 |
| --- | --- | --- |
| 甲产品 | 1600.00 | |
| 乙产品 | 1200.00 | |
| 车间管理人员 | 200.00 | |
| 行政管理人员 | 400.00 | |
| 销售部门人员 | 400.00 | |
| 合计 | 3800.00 | |

单据 10－131

## 折旧费计提表

2019 年 12 月　　　　　　　　　　单位：元

| 使用部门 | 固定资产类别 | | | | | 金额 |
|---|---|---|---|---|---|---|
| | 办公设备 | | | | | |
| 生产车间 | 车床 | | | | | 7,694.00 |
| 行政管理部门 | 电脑 | | | | | 2,150.00 |
| 销售部门 | 电脑 | | | | | 200.00 |
| | | | | | | |
| | | | | | | |
| 合计 | | | | | | 10,044.00 |

审核：王力　　　　制单：王敏

单据 10－132

### 借款利息计算表

2019 年 12月 31日　　　　金额单位：元

| 借款性质 | 借款金额 | 借款利率 | 计息期间 | 借款利息 | 已提利息 | 合计 |
|---|---|---|---|---|---|---|
| 短期借款 | 500,000.00 | 1.8%/年 | 20191201-20191231 | 750.00 | 1500.00 | 2250.00 |
| 长期借款 | 100,000.00 | 3.6%/年 | 20191201-20191231 | 300.00 | 0.00 | 300.00 |
| 合计 | 600,000.00 | | | 1050.00 | 1500.00 | 2550.00 |

单据 10－133

### 制造费用汇总表

年 月 日　　　　单位：元

| 年 | | 凭证编号 | 摘要 | 项目 | | | | | | | |
|---|---|---|---|---|---|---|---|---|---|---|---|
| 月 | 日 | | | 工资 | 折旧费 | 修理费 | 机物料 | 水电费 | 办公费 | 其他 | 合计 |
| | | | | | | | | | | | |
| | | | | | | | | | | | |
| | | | | | | | | | | | |
| | | | | | | | | | | | |
| | | | | | | | | | | | |
| | | | 本月合计 | | | | | | | | |

单据 10－134

## 制造费用分配表

2019年12月31日　　单位：元

| 产品名称 | 分配标准（生产工人工资） | 分配率 | 分配金额 |
|---|---|---|---|
| 甲产品 | 80000.00 | | |
| 乙产品 | 60000.00 | | |
| 合计 | 140000.00 | | |

审核：王力　　会计：张红　　制单：李安

单据 10－135

## 产品成本计算表

2019年12月31日　　单位：元

| 成本项目（甲产品4000件，乙产品2000件） | 甲产品总成本 | 甲产品单位成本 | 乙产品总成本 | 乙产品单位成本 |
|---|---|---|---|---|
| 直接材料 | | | | |
| 直接人工 | | | | |
| 制造费用 | | | | |
| 合计 | | | | |

单据 10－136

## 产成品入库单

交库单位：生产车间　　2019年 12月 31日

| 产品名称 | 规格型号 | 单位 | 交付数量 | 检验结果 | | 实收数量 | 金额 |
|---|---|---|---|---|---|---|---|
| | | | | 合格 | 不合格 | | |
| 甲产品 | | 件 | 4000 | 合格 | | 4000 | |
| 乙产品 | | 件 | 2000 | 合格 | | 2000 | |
| | | | | | | | |
| | | | 6000 | | | 6000 | |

财务联

车间送库：　　检验：　　仓库验收：沈健

单据 10－137

## 产品销售成本汇总计算表

2019年12月31日　　单位：元

| 产品名称 | 单位 | 销售数量 | 单位成本 | 总销售成本 | 备注 |
|---|---|---|---|---|---|
| 甲产品 | 件 | | | | |
| 乙产品 | 件 | | | | |
| 合计 | | | | | |

单据 10 - 138

城市维护建设税及教育费附加计算表

2019年12月31日　　单位：元

| 计税依据 | 城市维护建设税税率 | 城市维护建设税金额 | 教育费附加税率 | 教育费附加金额 |
|---|---|---|---|---|
| 应交增值税 | 7% | | 3% | |
| 合计 | | | | |

审核：　　会计：　　制单：

单据 10 - 139

**12月损益类账户资料表**

2019年12月31日　　单位：元

| 收入类账户 | 发生额 | 支出类账户 | 发生额 |
|---|---|---|---|
| 主营业务收入 | | 主营业务成本 | |
| 投资收益 | | 税金及附加 | |
| 其他业务收入 | | 管理费用 | |
| 营业外收入 | | 销售曾用 | |
| | | 财务费用 | |
| | | 营业外支出 | |
| 合计 | | 合计 | |
| 12月份利润总额 | | | |

单据 10 - 140

**12月所得税计算表**

2019年12月31日　　单位：元

| 项目 | 计税依据 | 税率 | 税额 | 备注 |
|---|---|---|---|---|
| 应交所得税 | | 25% | | 不考虑纳税调整事项 |
| | | | | |
| 合计 | | | | |

单据 10 - 141

**所得税结转单**

2019年12月31日　单位：元

| 项目 | 账户 | 金额 |
|---|---|---|
| 应借账户 | | |
| 应贷账户 | | |

单据 10－142

## 本年利润结转计算表

2019 年 12 月 31 日　　　　单位:元

| 项目 | 金额 | 应借账户 | 应贷账户 | 金额 |
|---|---|---|---|---|
| 期初本年利润 | | | | |
| 加：12月份净利润 | | | | |
| 全年净利润 | | | | |
| 审核： | | 会计： | 制单： | |

单据 10－143

## 盈余公积计算表

2019 年 12 月 31 日　　　　单位:元

| 项目 | 计提比例 | 金额 | 应借账户 | 应贷账户 |
|---|---|---|---|---|
| 全年净利润总额 | — | | | |
| 法定盈余公积 | 10% | | | |
| 审核： | | 会计： | 制单： | |

单据 10－144

## 关于分配现金股利的公告

经股东大会批准，我司决定分配现金股利200000元。

宏大有限责任公司

2019年12月31日

单据 10－145

## 利润分配各明细结转单

2019 年12月31日　　　　单位：元

| 项目 | 账户名称 | 金额 |
|---|---|---|
| 应借账户 | | |
| 应贷账户 | | |
| 应贷账户 | | |

学问通 xuewent.com

专业 创新 仿真

# 实训教材配套账号（学问通实训平台）使用说明

第一步：注册

登录学问通实训平台（www.xuewent.com），点击“登录/注册”，进入新用户注册页面，输入手机号，获取验证码，按要求输入其他信息，完成注册。

第二步：登录及激活课程

输入用户名和密码登录后，依次点击“我的学习”→“课程卡激活”，刮开实训教材封底的刮刮卡，输入课程激活码，激活相应课程。

第三步：选择已激活的课程，开始学习

激活课程后，可在“我的课程”界面查看，选择相应课程后点击“进入学习”。

说明：本使用说明以税务会计实训课程为例，其他课程的操作与此相同。

学问通 xuewent.com

专业 创新 仿真

# 实训教材配套账号
# （学问通实训平台）使用说明

第四步：进入课程目录界面

进入课程目录界面后，点击“课件视频”观看讲解视频，点击“开始学习”进入实训。

第五步：进入课程实训界面

进入课程实训界面后，根据任务说明和背景单据，完成相应的实训。

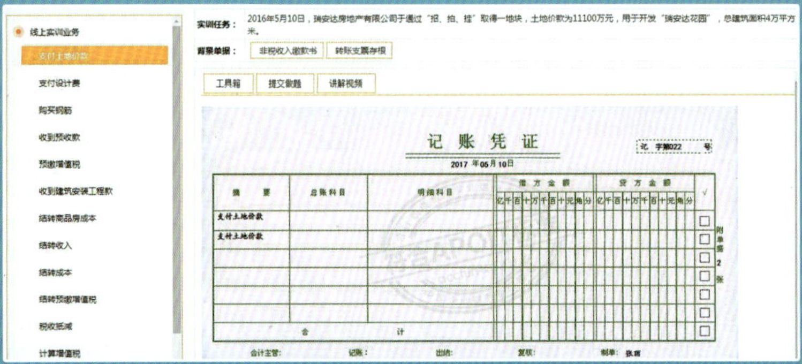